Lara Stommel

Die Kauf- und Arbeitskraft von morgen

Wie Unternehmen die Generation Z ansprechen können

Bibliografische Information der Deutschen Nationalbibliothek:

Die Deutsche Nationalbibliothek verzeichnet diese Publikation in der Deutschen Nationalbibliografie; detaillierte bibliografische Daten sind im Internet über http://dnb.d-nb.de abrufbar.

Impressum:

Copyright © Studylab 2018

Ein Imprint der Open Publishing GmbH, München

Druck und Bindung: Books on Demand GmbH, Norderstedt, Germany

Coverbild: Open Publishing GmbH | Freepik.com | Flaticon.com | ei8htz

Inhaltsverzeichnis

Abkürzungsverzeichnis

App	Applikation
CTM	Customer Touchpoint Management
Gen X	Generation X
Gen Y	Generation Y
Gen Z	Generation Z
Pin	Pinnwand bei Pinterest
SEO	Search Engine Optimization

Abbildungsverzeichnis

1 Einleitung

Nach wissenschaftlich erhobenen Erkenntnissen, leben Menschen, die nach 1995 geboren wurden, in einem Zeitalter der digitalisierten Welt. Sie wuchsen mit Finanz-, Wirtschafts-, Europa- und Klimakrisen sowie teils mit überfürsorglichen Eltern auf. Daneben waren kriegerische Auseinandersetzungen für sie auf der Erde allgegenwärtig. Dies führte zu einer veränderten Weltanschauung, zu differenzierten Erwartungen sowie zu einem neuen Denken und Verhalten. Diese „Generation Z" genannte Personengruppe beeinflusst damit zukünftig nicht nur einflussreiche Parameter des Arbeitsmarktes, sondert erfordert auch neue kommunikative Maßnahmen im Hinblick auf ihr Konsumverhalten.[1]

1.1 Problemstellung und Zielsetzung der Arbeit

Die zukünftigen Arbeitnehmer haben andere, zum Teil neue Ansprüche an ihre potenziellen Arbeitgeber als die Generationen zuvor. Gleichzeitig wird der Wettbewerb für Unternehmen, aufgrund des demografischen Wandels, um qualifizierte Mitarbeiter der nachrückenden Generation zunehmend schwerer, sodass ein Wandel des Rekrutierungsablaufes notwendig ist. Unternehmen müssen sich als attraktive Arbeitgeber präsentieren, um die besten Talente als Mitarbeiter zu gewinnen.[2]

Zudem muss die Kommunikation zwischen Unternehmen und der Gen Z modifiziert werden, denn diese Zielgruppe wird für die Unternehmen zunehmend wichtiger. Die Gen Z ist die Kaufkraft von morgen. Doch durch äußere Umstände ist ihre komplette Wahrnehmung auf Kommunikation verändert. Aufgabe der Unternehmen ist es deshalb, Kommunikationsmaßnahmen zu entwickeln, die bei der Gen Z wahr- und angenommen werden und das veränderte Mediennutzungsverhalten, weg von den klassischen hin zu neuen Medien, berücksichtigen.

Die vorliegende Bachelorarbeit fokussiert dabei eine Doppelziel-Strategie: Handlungsempfehlungen in Bezug auf eine Kommunikationsstrategie für Unternehmen zur Ansprache der Konsumenten (mit Zielsetzung der Bekanntmachung und/oder einer Zielgruppenerschließung) sowie auf eine Rekrutierungsstrategie mit Konzentration auf die Zielgruppe als potenzielle Arbeitnehmer. Das Hauptau-

---

[1] Vgl. Mangelsdorf [2015], S. 20.

[2] Vgl. DIHK-Unternehmensbefragung [2013], S.9 f.

genmerk dieser Herausarbeitung liegt auf den Inhalten sowie den Kanälen der Maßnahmen, die anhand des Customer Touchpoint Management Prozesses koordiniert werden. Dadurch wird der noch recht unbekannten Zielgruppe an jedem Interaktionspunkt eine herausragende Erfahrung geboten. Basis dieser Ergebnisse sollen studienbasierte Erkenntnisse über die Gen Z bilden: wer sie sind, wie ihre Verhaltens- und Denkstruktur ist und was für Erwartungen sie als Konsument und Mitarbeiter haben.

1.2 Aufbau der Arbeit

Die vorliegende Bachelorarbeit unterteilt sich in sechs Kapitel. Die Einleitung erläutert, was unter dem Begriff „Generation" im soziologischen Sinne verstanden und wie die Gen Z konkret definiert wird. Da die angestrebte Kommunikationssowie die Rekrutierungsstrategie die Gen Z erreichen möchte, bedarf es einer genauen Selektion und Definition dieser Zielgruppe. Dazu werden ihre Bedürfnisse, Interessen und Touchpoints[3] ermittelt. Zunächst werden die äußeren Einflüsse der Gen Z analysiert (vgl. Kapitel 1.3), die zu den erörterten Eigenschaften, Erwartungen, Denkweisen, Normen und Werten geführt haben (vgl. Kapitel 2). Kapitel 3 thematisiert die Kunden-Berührungspunkte. Zunächst wird das Management dieser theoretisch dargestellt. Daraufhin folgen neue Erkenntnisse über die Kommunikation der Gen Z, die zur Interaktion an den potenziellen Touchpoints genutzt werden können (vgl. 3.3). In Kapitel 4 werden Empfehlungen für die Konzipierung einer Kommunikationsstrategie dargestellt - basierend auf den Ergebnissen vorheriger Kapitel. Ebenfalls beruhend darauf, wird in Kapitel 5 Aufschluss über die zielführende Erstellung einer Rekrutierungsstrategie gegeben. Das letzte Kapitel beinhaltet das Fazit mit den wichtigsten Ergebnissen und ihren Schlussfolgerungen.

1.3 Begriffliche und thematische Abgrenzungen

In diesem Kapitel wird die Definition von Generationen im soziologischen Sinne untersucht sowie die Gen Z definiert. Zudem werden elementare Begrifflichkeiten voneinander abgegrenzt. Darauffolgend wird dem Leser einen Einblick gegeben, welchen externen Einflüssen die Heranwachsenden unterliegen.

---

[3] Jede Schnittstelle zwischen einem Kunden und einem Unternehmen (Vgl. Schüller [2012], S. 148).

1.3.1 Definition der Generation Z im soziologischen Sinne

Im Laufe des Heranwachsens entwickelt jeder Mensch aus dem gleichen Genmaterial verschiedene Verhaltensmuster und –strukturen, die sich aufgrund von Umwelteinflüssen und persönlichen Charaktereigenschaften individuell entwickeln. Schlussfolgernd darauf besagt die Soziologie, dass eine Generation eine mehrheitliche Bevölkerungsgruppe bildet, die meist aufgrund ihres Alters „weitgehend ähnlich geprägt" [4] wurde, und hierdurch eine analoge soziale Orientierung und Lebensauffassung entsteht.[5] Diese externen Umstände können historische Ereignisse, gesellschaftliche oder soziale Veränderungen sowie spezielle kalendarische Vorkommnisse sein. Bei der Zuordnung einer Person zu einer Generation ist jedoch nicht das Geburtsjahr entscheidend, sondern vielmehr das entstandene Wertemuster, das durch die Weitergabe, Modifizierung und dem Verfall von Wissensbeständen, Denk- und Gefühlsweisen, Problemlösungen sowie soziale Verhaltensweisen entstanden ist. [6] Das „idealtypische Konstrukt"[7] ist somit die Folge eines einschneidenden sozialen Wandels.

Die Gen Z wird ab dem Geburtsjahr 1995 bis etwa 2010 definiert, was jedoch wegen der vorherigen Erläuterung Spielraum innerhalb der Festlegung des Geburtszeitraumes erlaubt. Die heute etwa fünf- bis 20-jährigen befinden sich in der Entwicklungsphase, sodass ihr Charakter, die Denk- und Verhaltensweisen sowie ihre Ansichten noch weiter geprägt werden. Die Ergebnisse der vorliegenden Arbeit können daher nur die Ist-Situation auf Basis bisheriger Erkenntnisse widerspiegeln. Durch den fehlenden zeitlichen Abstand, um die Geschehnisse abschließend fachlich reflektieren und einordnen zu können, besteht zwangsläufig die Gefahr, heute Einflüsse falsch zu interpretieren. Jedoch wurden repräsentative Studien durch Befragungen und Beobachtungen entwickelt, die stichhaltige Muster und Merkmale empirisch nachweisen. Zudem geben die Resultate der Erfahrungen und Umweltentwicklungen der Vor-Generation Aufschluss über mögliche Konsequenzen. Die Normen, Werte, Verhaltensweisen und Weltansichten der Gen Z sind somit ein Produkt aus der Vergangenheit und Gegenwart und dürfen daher

---

[4] Scholz [2015a], o. S.

[5] Vgl. Duden Online [2016], o. S.; Shehan [2010], S. 2.

[6] Vgl. Behrer/Van den Bergh [2013], S. 7; Scholz [2014], S. 7; Becker [1997], S. 10.

[7] Becker [1997], S. 10.

auch faktisch bei einer späteren Rückbetrachtung nur wenig von den heutigen Bewertungen abweichen.[8]

Im Folgenden wird der Begriff „Generation im Umbruch" als Synonym für „Gen Z" verwendet.

1.3.2 Die externen Einflüsse der Generation Z

Die Gen Z hat ein schwieriges weltweites Umfeld und einige Krisenzeiten aktiv oder passiv -durch das Verhalten der Eltern- miterlebt. Ende der 90-er Jahre hat sich eine Ambivalenz zwischen politischem Optimismus (aufgrund der gefühlten westlichen Überlegenheit und dem Wohlstand) und sozialer Sorge (wegen der steigenden Arbeitslosigkeit im Osten sowie rechtsradikaler Aktivitäten) gebildet. 2001 folgte der Beginn von US-amerikanischen Kriegszügen in Asien sowie dem Nahen Osten. Gleichzeitig führte das veränderte Sozialsystem in Deutschland zu „Niedrigstlöhnen"[9]. Eine Basis der Instabilität aufgrund des Miterlebens der Wirtschaftskrise sowie des Klimawandels und der hohen Jugendarbeitslosenquote folgte, sodass Verdrossenheit und Misstrauen in politische Institutionen entstand. Die Finanzkrise mit der folgenden Europakrise zeigte den Heranwachsenden früh, wie eine jahrelang andauernde Krise in hoher Arbeitslosigkeit mündet und ganze Staaten kurz vor der Insolvenz stehen. Parallel zu den Massenentlassungen stiegen die Managergehälter. Zudem führten der berufliche Aufwand der vorherigen Generationen, hohe Kredite für Studiengebühren und überfüllte Hörsäle nicht immer zu dem Erfolg, der erwartet wurde. Durch die Krisen bekam die junge Generation den inadäquaten Umgang von Unternehmen mit ihren Mitarbeitern – trotz Ehrgeiz und Disziplin- und die Unsicherheit von Arbeitsplätzen sowie der zukünftigen Renten mit. [10]

„Weiterhin ist die Flexibilisierung des Arbeitsmarktes in Deutschland durch atypische Arbeitsverhältnisse mit befristeten Stellen und Leiharbeit geprägt."[11] Eine Ära ohne klassische Lebensläufe und Sicherheiten entsteht. Gleichzeitig entwickelt sich eine multikulturelle Gesellschaft, angereichert durch die Flüchtlingsproblematik aufgrund von Kriegen und Terror. Mit diesen Themen in den öffentli-

---

[8]   Vgl. Scholz [2014], S. 200; Mangelsdorf [2015], S. 20.
[9]   Haller [2015], S. 26 f.
[10] Vgl. Hagen [2015], o. S.; Scholz [2015a], o. S.; Haller [2015], S. 26 f.; Scholz [2014], S. 41 ff.
[11] Klaffke [2014], S. 130.

chen Medien sowie der radikalen Darstellung der Auswirkungen von Terror und der enormen Zuflucht von Wirtschafts- und Kriegsflüchtlingen wurde und wird die junge Gen Z frühzeitig konfrontiert. Diskussionen in sozialen Netzwerken über Propaganda-Thesen und Gegenargumentationen zu politischen Entscheidungen und medialen Veröffentlichungen fordern die Heranwachsenden zudem zeitig dazu auf, Ereignisse zu hinterfragen. Gleichzeitig werden Prozesse der Internetüberwachung enthüllt. All diese oftmals widersprüchlichen Ereignisse führten dazu, dass die Gen Z skeptisch, aber realistisch geworden ist.[12]

---

[12] Vgl. Mangelsdorf [2015], S. 20 f.; Albert/Hurrelmann/Quenzel/TNS Infratest Sozialforschung [2015], S. 26; Scholz [2014], S. 14; Haller [2015], S. 26 f.

2 Charakteristika der Generation Z

Ziel dieses Kapitels ist es, aus der „breiten, heterogenen Masse von Menschen"[13] eine verdichtete, homogene Einheit durch verhaltensdisponierende[14] sowie verhaltensdeskriptive[15] Merkmale zu identifizieren, die die Charakteristika der Gen Z wiedergibt. Diese Beschreibung bezieht sich auf die gesellschaftliche sowie persönliche Ebene.

2.1 Grundlegende Eigenschaften der Generation Z

Der Name der Gen Z ist die logische Weiterführung der alphabetischen Nummerierung von den zuvor aufeinanderfolgenden Generationen X und Y. Etwa 7% der aktuellen Bevölkerung in Deutschland fallen unter die Gruppierung der Generation im Umbruch. Demografisch zeichnet sich die Zielgruppe durch einen Anteil von 48% an weiblichen und 52% männlichen Personen aus. Ihr Einkommen liegt altersbedingt derzeit bei der Mehrheit zwischen null und 250 Euro. Zusätzlich ist die Zielgruppe aktuell zwangsläufig fast ausschließlich ledig und der Durchschnitt lebt in einem drei bis fünf Personen-Haushalt, also mehrheitlich noch im Haushalt der Eltern.[16]

2.1.1 Lebensauffassung

Generell ist die Haltung der jungen Generation gegenüber dem Alltag, Beruf und der Gesellschaft pragmatisch. Sie orientiert sich an Leistungsnormen, sodass die Gen Z sich diesen anpasst und danach handelt. Dadurch führt ihr Verhalten weder zu Ergebnissen, die sich besonders positiv abzeichnen, noch zu schlechteren Leistungen als der Durchschnitt erbringt. Aufgrund der selbstbewussten und realistischen Haltung der Heranwachsenden zweifeln sie oftmals an Aussagen, deren Erfüllung in der Zukunft liegt. Diese können beispielsweise Versprechungen des Staates zum Bildungssystem oder von Politikern, zur Altersvorsorge, aber auch Aussagen von Unternehmen in eigenen Imagebroschüren sein. Die Gen Z bezieht sich vermehrt auf sich selbst, sodass sie eine Distanz, zum Teil sogar Desinteresse

---

[13] Schwäch [2014/2015b], S. 75.

[14] Verhaltensdisponierende Merkmale beinhalten sozio-demografische sowie psychografische Merkmale.

[15] Verhaltensdeskriptive Merkmale beinhalten das beobachtbare Kaufverhalten.

[16] Vgl. B4p [2015], o. S; Statista [2014], o. S; Scholz [2014], S. 31.

gegenüber Führungskräften, Politikern, Journalisten und Lehrern hegt. Entscheidend sind lediglich Fakten und Beziehungen, die für die eigene Person Relevanz haben. Dies ist auf den Pragmatismus der Gen Z zurückzuführen. Das Interesse für die Politik ist allgemein angestiegen. Trotzdem entsteht ein Widerstand gegen Politiker, da sie ihnen eine primäre Orientierung an den eigenen Organisationsinteressen und fehlende Verlässlichkeit vorwerfen. Diese Behauptung kann jedoch nur durch Informationszufuhr zustande gekommen sein, was das politische Interesse bestätigt. Laut der „Shell-Studie" von 2015 informieren sich 41% der zwölf- bis 25-Jährigen aktiv über Politik, was im Vergleich zu 2002, wo es gerade einmal 30% waren, einen hohen Wert darstellt. [17]

2.1.2 Zukunftserwartung

Viele Personen der Mittel- und Oberschicht der Gen Z genießen einen „relativen Wohlstand" aufgrund der monetären Absicherung durch das Erbe der Eltern und Großeltern, die seit dem zweiten Weltkrieg keine Verluste mehr außerhalb ihres Einflussbereichs erleiden mussten. Sofern sie diesen mit den eigenen Verdiensten erweitern, können sie davon ausgehen, dass sich ihr Lebensstandard verbessern würde. Dennoch glauben daran nur 56% der Generation im Umbruch. Bei der Generation Y[18] dagegen glauben 71%, dass ihnen mehr Wohlstand widerfahren wird als den eigenen Eltern.[19]

Durch das permanente Umsorgen durch die Elternteile sind es die Heranwachsenden (Gen Z) gewöhnt, ständig geschützt und behütet zu werden. Dadurch und aufgrund der anfangs beschriebenen externen Einflüsse hat sich ein großes Bedürfnis nach einem gesicherten und eigenständigen Platz in der Gesellschaft sowie der vermeintliche Anspruch auf ein sorgenfreies Leben entwickelt. Werte wie Geborgenheit, Vertrauen und die aktuellen Freundschaften sind für die Gen Z essentiell. Dem entgegen stehen die hohen Trennungsraten bei ihren Elternteilen, sodass viele der Jugendlichen bei nur einem Erziehungsberechtigten oder mit ei-

---

[17] Vgl. Scholz [2014], S. 193 ff.; Albert/Hurrelmann/Quenzel/TNS Infratest Sozialforschung [2015], S. 13 ff.; Yahoo! Deutschland Services GmbH [2015], o. S.; Scholz [2015a], o. S.

[18] Diese haben eine Geburtspanne von 1980 bis 1994.

[19] Vgl. Universum [2015], o. S.; Mangelsdorf [2015], S. 20.

ner Zweitfamilie aufgewachsen sind. Dadurch ist dort vielfach eine Instabilität und eine soziale Ungewissheit entstanden.[20]

Sichtbar ist also, dass die Gen Z sehr widersprüchliche Erfahrungen gemacht hat, weshalb man sich in der Soziologie nicht einig ist, inwiefern sich dies auf die Kinder und Jugendlichen ausprägt. Die meisten Quellen sind der Meinung, die Generation im Umbruch sei beneidenswert optimistisch. Nach der Shell-Studie, die sowohl die Gen Z, als auch die Gen Y berücksichtigt, blicken 61% optimistisch in die Zukunft und glauben daran, dass sie in der Lage dazu sind, Verantwortung für ihre eigene Zukunft zu übernehmen.[21] Gerade einmal drei Prozent sehen keine gute Zukunft. Dieses Resultat zeigen ebenfalls die für diese Bachelorarbeit durchgeführten qualitativen Interviews mit Kindern und Jugendlichen zwischen acht und 19 Jahren. Die Haltung ist damit deutlich positiver als bei den Generationen zuvor, da 2006 nur jeder zweite Bürger optimistisch in die Zukunft schaute.[22]

Die Gen Z hat geringe, nüchterne Erwartungen hinsichtlich der Wirtschaftslage. Demnach besteht „keine Dissonanz zwischen Erwartung und der Realität"[23], sodass es schwer ist, sie zu enttäuschen. Die junge Generation „lässt Komplexität und Dynamik der Lebenswirklichkeit von sich abprallen"[24] und richtet ihren Blickwinkel auf die zentralen Pfeiler zur Verwirklichung ihrer Pläne bezüglich ihrer Eltern, dem Partner und den Freunden. Wunsch nach stabilen sozialen Beziehungen ist einer der wichtigsten Werte der Gen Z. Dieser innere Kreis ist somit der Fokus ihres Lebens, sodass die optimistische Zukunftserwartung auf immateriellen Werten basiert. Die berichtete teilweise negative Einstellung bezüglich des zukünftigen Wohlstands stellt demnach eine Differenzierung zur usuell realistischen Haltung dar. Sie hat jedoch -in Anbetracht der Werthaltung der Gen Z- keinen Zusammenhang mit dem Optimismus gegenüber ihrer Zukunft.[25]

---

[20] Vgl. Mangelsdorf [2015], S. 20.

[21] Vgl. Albert/Hurrelmann/Quenzel/TNS Infratest Sozialforschung [2015], S. 14 ff.; Institut für Demoskopie Allensbach [2014], S. 2.

[22] Vgl. Albert/Hurrelmann/Quenzel/TNS Infratest Sozialforschung [2015], S. 96; Adecco Group [2014], S. 11; Scholz [2015a], o. S.

[23] Scholz [2015a], o. S.

[24] Scholz [2015a], o. S.

[25] Vgl. Albert/Hurrelmann/Quenzel/TNS Infratest Sozialforschung [2015], S 34; Mangelsdorf [2015], S. 21; Scholz [2015a], o. S.

2.1.3 Soziale Beziehungen

Die Familie genießt bei der Gen Z einen hohen Stellenwert, da diese eine Familienbindung bejaht und sie als Erfüllung von Sicherheitsbedürfnissen (wie zuvor beschrieben) und als Rollenvorbild ansieht. Aufgrund des Alters leben die meisten noch bei ihren Eltern, sodass sie ihren Alltag mit diesen bewältigen. Für die Heranwachsenden ist die Familie hauptsächlich wegen des Rückhaltes, der Verlässlichkeit und der positiven emotionalen Unterstützung wichtig.[26] Trotz der engen sozialen Bindung zur Familie, halten laut der „Shell-Studie" von 2015 nur 63% der zwölf bis 15-Jährigen eine eigene für erforderlich und nur 64% wollen selbst Kinder bekommen.[27] Diese Werte sind jedoch distanziert zu betrachten, da eine letztgültige Aussage in diesem jungen Alter nicht zu erwarten ist.

Die Peergroup[28] sowie die Partnerschaft geben der Gen Z ein großes Vertrauensgefühl und unterstützen sie in Entscheidungsprozessen. Aufgrund des Strebens nach Sicherheit möchten die Jugendlichen so wenig Veränderungen bezüglich der Familien- und Freundschaftsbindungen wie möglich. [29][30]

2.1.4 Lebensstil

Die Gen Z kommuniziert aufgrund von sozialen Netzwerken oder anderen Internet-Dienstleistungen sichtbar anders als die anderen Generationen (vgl. Kapitel 3.2). Zudem fördert die Digitalisierung im Alltag die Autonomie, Transparenz und Flexibilität der Generation, da sie jede für sie relevante Information aus verschiedensten Quellen erhalten kann. Sie ist damit weniger abhängig von klassischen oder eingeschränkten Medien, sodass ein höherer Informations(er)gehalt die eigene Meinungsbildung fördert. Durch die Globalisierung hat sich auch die Kommunikation zu anderen ethnischen Gruppen entwickelt, weswegen die Multikultur selbstverständliches Kennzeichen der Sozialisation der Gen Z wurde.[31]

---

26 Vgl. Stommel [2015c], S. 64-66; Mangelsdorf [2015], S. 20.

27 Vgl. Albert/Hurrelmann/Quenzel/TNS Infratest Sozialforschung [2015], S. 15.

28 „Gruppe von etwa gleichaltrigen Kindern oder Jugendlichen, die als primäre soziale Bezugsgruppe neben das Elternhaus tritt" (Duden Online [2016], o. S.).

29 Trotz der Möglichkeiten durch das Internet setzt die Gen Z auf die Bindungen zu aktuellen Freundschaften. Der Wunsch nach möglichst vielen Kontakten ist aufgrund der Orientierung nach Geborgenheit und Vertrauen zurückgegangen.

30 Vgl. Albert/Hurrelmann/Quenzel/TNS Infratest Sozialforschung [2015], S. 302 ff.; Scholz [2014], S. 34; Ricoh [2015], o. S.

31 Vgl. Albert/Hurrelmann/Quenzel/TNS Infratest Sozialforschung [2015], S. 364.

Des Weiteren hat die Generation im Umbruch ein großes Bewusstsein für die Umwelt und die Gesundheit sowie nachhaltige Lebensqualität und –bedingungen. Auch der Respekt vor Recht und Ordnung sowie grundlegende moralische Regeln des Gemeinwesens sind für die meisten Personen der Gen Z wichtig.[32]

2.2 Das Konsumentenverhalten der Generation Z

Das Verbraucherverhalten hat sich in den letzten Jahren aufgrund der Digitalisierung und dem demografischen Wandel deutlich verändert. Durch das Internet besteht für den Konsumenten die Möglichkeit, vor jedem Einkauf Preise zu vergleichen und eingehend Informationen über bereits gemachte Erfahrungen zu sammeln.[33] Zudem kann die Ware länderübergreifend gekauft werden, sodass sich das Angebot für die Konsumenten deutlich erhöht hat und diese immer „flexibler, entscheidungsbewusster und anspruchsvoller"[34] einkaufen könnten.

Demgegenüber bevorzugen die Heranwachsenden jedoch (ggf. getrieben vom Zeitdruck im Alltag und der Bequemlichkeit) Onlinekäufe und Convinience Goods, die auf programmierten Entscheidungen beruhen und somit nur minimalen Aufwand erfordern. Hier zeigt die Gen Z ein stark habituelles Kaufverhalten.[35] Auch mobiles Einkaufen vermehrt sich stetig.[36]

Die Generation Y leistet dennoch bisweilen deutlich mehr Umsatz als die Generation im Umbruch, die vergangenen Jahres ein Einkaufsvolumen von 44 Milliarden US-Dollar hatte.[37] Dies ist jedoch auf das differierende Alter und dem entsprechenden Einkommen der Generation zurückzuführen.

Zudem haben sich die Neigungen und Abneigungen der Gen Z im Vergleich zu ihren Vorgängern verändert. Sie ist weniger daran interessiert, etwas Einzigartiges zu besitzen, diesen Wunsch haben nur 57% der Generation.[38] Passend dazu sind sie auch -abgesehen von wenigen Ausnahmen- nicht markentreu. Schnäppchenjä-

---

[32] Vgl. Albert/Hurrelmann/Quenzel/TNS Infratest Sozialforschung [2015], S. 28.

[33] Vgl. Sellin [2014], o. S.

[34] Permant [2009], S. 33.

[35] Wenig Involvement mit geringer Markentreue des Konsumenten beim Kauf von Konsumgütern.

[36] Vgl. Stommel [2015a], S. 66-67; Stommel [2015c], S. 64-66; Scholz [2014], S. 163; Wyss [o. J.], S. 236.

[37] Vgl. Sellin [2014], o. S.; Deep Focus' Cassandra Report [2015], o. S.

[38] Vgl. Deep Focus' Cassandra Report [2015], o. S.

ger, Smart Shopper und Qualitätskäufer entsprechen nicht den typischen Kundengruppen der Gen Z, da sie sich weder von Qualität noch von Statussymbolen besonders inspirieren lassen. Dieses Phänomen führt dazu, dass es für Unternehmen eine große Herausforderung sein wird, die momentan bis 20-jährigen als Wiederkäufer, Exklusivkäufer, Aufstiegskäufer oder Mehrfachkäufer zu gewinnen. Die Bindungslosigkeit führt zu einem funktionalen Kollektivismus, wodurch viele Heranwachsende beispielsweise ähnliche Klamotten tragen. Auch ein hartnäckiger Verkauf, als Werbung wahrnehmende Maßnahmen sowie eine zu aufwändige Verpackung schreckt die Generation eher ab. Sie ist pragmatisch und möchte für den Eigenbedarf das kaufen, was sie benötigt, wohlgewillt, auch den Preis dafür zu zahlen, was die Ware wert ist. Somit ist der Preis kein Primat in der Beeinflussung, wodurch Preisvergleiche bei den jungen Menschen oftmals wegfallen.[39]

Im Gegenzug dazu achten sie statt der Produkt-Auslobung auf die Bekanntheit, Verfügbarkeit und Vertrautheit eines Produktes. Aufgrund der durch die Digitalisierung nicht mehr gegebene örtliche Beschränkung des Einkaufshorizontes (aufgrund von Online-Einkäufen) ist es für die Gen Z alltäglich, auch Produkte ausländischer Herkunft in Erwägung zu ziehen. Passend zu der Vorliebe für nachhaltig produzierte Ware ist es der Generation im Umbruch auch gleichgültig, ob sie im Besitz eines Gegenstandes ist oder sich mehrere diesen teilen. Somit werden Sharing-Güter immer relevanter.[40]

2.3 Die Generation Z als potenzieller Arbeitnehmer

Die Medien bezeichnen die Gen Z als „fordernd(e)"[41] und „wählerisch(e)"[42] Generation. Dies muss jedoch differenziert betrachtet werden, da die Heranwachsenden bloß die Veränderungen aus der externen und internen Umwelt widerspiegeln. Wie erläutert, ist das Vertrauen gegenüber zukünftigen Arbeitgebern und deren Versprechungen stark gesunken. Die hinterfragende und skeptische Haltung führt zu niedrigeren Erwartungen bezüglich des beruflichen Erfolges, sodass

---

[39] Vgl. Wyss [o. J.], S. 236; Stommel [2015a], S. 66-67; Stommel [2015c], S. 64-66; Scholz [2014], S. 164.

[40] Vgl. Wyss [o. J.], S. 236; Scholz [2014], S. 163.

[41] Wirtschaftspsychologie aktuell [2015], o. S.

[42] Tobesocial [2015], o. S.

die Generation auf fundamentale Bedingungen zurückgreift und durch andere Gegebenheiten intrinsisch motiviert wird.[43]

91% der Gen Z ist die Vereinbarkeit von Arbeit, Freizeit und Familie.[44] Die Generation erwartet, dass sie genügend Zeit für Freizeit erhält, indem eine klare Trennung zwischen Berufs- und Privatleben mit festen Arbeitszeiten[45], ohne Mails, Anrufe oder Überstunden nach Dienstende, herrscht. Gleichzeitig möchten sie aber auch einen Wechsel auf Teilzeit in ihrer jeweiligen Position ermöglicht bekommen, sofern die Familienplanung oder ähnliche externe Gegebenheiten eintreten. Ebenfalls sind die Erwartungen an den Arbeitgeber, dass dieser kurzfristige Anpassungen der Arbeitszeit bei solchen Vorkommnissen gewährleistet. Die Trennung zwischen Berufs- und Privatleben lässt sich auf den Schutz ihrer Privatsphäre zur Fokussierung des inneren Kreises zurückführen. [46]

Zudem streben die Heranwachsenden nach ihrem Wunschberuf, sodass sich 76% der Gen Z wünschen, ihr Hobby im Beruf auszuüben.[47] Für 87% ist der Spaß am Arbeitsplatz wichtig und somit relevanter als der Karriereweg.[48] Dadurch entsteht die Neigung, keine Verantwortung oder Führungspositionen übernehmen zu wollen, was auch auf der Fokussierung des Privatlebens basieren könnte. Die Heranwachsenden assoziieren Führungspositionen mit Überstunden und dementsprechend weniger Freizeit. Innerhalb der festen Arbeitszeiten ist die Gen Z jedoch hochleistungsbereit und erarbeitet dementsprechende Ergebnisse.[49]

Das Einkommen ist für die meisten jungen Menschen wenig entscheidend. Wichtiger ist hierbei, dass der Aufwand im Verhältnis zum Nutzen steht. 95% der Gen

---

[43] Vgl. Künzel [2013], S. 30.

[44] Vgl. Albert/Hurrelmann/Quenzel/TNS Infratest Sozialforschung [2015], S 16 f.; Institut für Demoskopie Allensbach [2014], S. 4 f.

[45] Aus der Ricoh Studie dagegen resultiert, dass 48% eine Work-Life-Balance bevorzugen, worunter man flexible Arbeitszeiten versteht (Vgl. Ricoh [2015], o. S.).

[46] Vgl. Institut für Demoskopie Allensbach [2014], S. 5; Scholz [2014], S. 28; Albert/Hurrelmann/Quenzel/TNS Infratest Sozialforschung [2015], S. 16 ff.

[47] Vgl. Sellin [2014], o. S.

[48] Vgl. Albert/Hurrelmann/Quenzel/TNS Infratest Sozialforschung [2015], S 16 f.; Institut für Demoskopie Allensbach [2014], S. 4 f.

[49] Vgl. Albert/Hurrelmann/Quenzel/TNS Infratest Sozialforschung [2015], S. 34; Scholz [2014], S. 133&199.

Z suchen nach Sicherheit im Beruf[50], sodass sie verlässliche Gestaltungmöglichkeiten und ein auskömmliches Leben mit einer geringen Wahrscheinlichkeit zum Verlust der Beschäftigung ermöglicht bekommen. Für viele der fünf- bis 20-jährigen trägt das Einkommen aufgrund der Absicherung durch die Eltern nicht maßgeblich zum Faktor Sicherheit bei.[51]

Die Gewöhnung an den „Like"[52]-Button sozialer Medien und die Überfürsorglichkeit der Eltern der Gen Z hat zu einer neuen Feedbackkultur geführt. Die zukünftigen Arbeitnehmer erwarten eine positive Ansprache und die Hervorhebung der herausragenden Leistungen im Gegensatz zur negativer Kritik. Dennoch erwartet die Gen Z die offene Kommunikation ihrer Bedingungen an den Arbeitgeber und das Durchsetzen ihrer Ideale (dies ist mit der Bereitschaft zum Beschweren bei Nichtbefolgen verbunden), weswegen sie wieder vermehrt Mitglied im Betriebsrat sein möchte. Außerdem wünschen die Angehörigen der Generation im Umbruch eine unkomplizierte und fachlich kompetente Zusammenarbeit mit den Kollegen.[53] Findet eine mangelnde Kommunikation seitens der Kollegen statt oder fehlt es an Informationen sowie Innovationen innerhalb des Unternehmens, ist die Gen Z schnell frustriert. Sie öffnet sich selbst ebenfalls, indem sie zu ihren Schwächen steht und es kommuniziert, wenn sie sich gestresst oder einer Aufgabe nicht gewachsen fühlt. Generell sind die Heranwachsenden selbstkritisch, glauben aber dennoch, dass sie bisher unerfüllte Kompetenzen in ein Unternehmen einbringen. Sie sehen ihre Stärken im Beifügen neuer Arbeitsmethoden, hervorragender technischer Kenntnisse sowie innovativer Ideen und Denkansätze.[54]

Im Gegenzug möchten die Heranwachsenden bevorzugt eine sinnvolle und gesellschaftlich nützliche Tätigkeit. Dies trifft insbesondere auf die Frauen und Mädchen der Generation zu. Die Gen Z erwartet Technologien für effizienteres Arbeiten, da sie gewillt ist, gute Leistung zu erbringen und dies mit ihrem technischen

---

[50] Vgl. Scholz [2014], S. 34; Albert/Hurrelmann/Quenzel/TNS Infratest Sozialforschung [2015], S. 16.

[51] Vgl. Albert/Hurrelmann/Quenzel/TNS Infratest Sozialforschung [2015], S. 13.

[52] Durch das Anklicken des „Gefällt mir"-Buttons von diversen Beiträgen, wird die Zustimmung und das Lob offenbart.

[53] Vgl. Albert/Hurrelmann/Quenzel/TNS Infratest Sozialforschung [2015], S. 330 ff.

[54] Vgl. Ricoh [2015], o. S.; Scholz [2014], S. 135&173.

Verständnis zu unterstützen, damit sie den größtmöglichen Output innerhalb der Arbeitszeit ohne Überstunden erlangt.[55]

Werden die Ansprüche der Gen Z nicht erfüllt, versuchen sie den Arbeitsgeber zu wechseln, denn die Bindungslosigkeit ist ebenfalls eine Eigenschaft dieser Generation. Sie strebt zwar zunächst nach einer Festanstellung mit hoher Sicherheit, möchte sich jedoch nicht emotional an einen Betrieb binden.[56]

Die Erkenntnisse lassen sich für die Erstellung von Ansätzen, um die Jugendlichen zu motivieren und adäquat in das Berufsleben einzubinden, nutzen, denn für die Gen Z werden immaterielle Faktoren innerhalb des Unternehmens immer wichtiger. Zudem muss sich das Unternehmen darauf einstellen, dass die junge Generation ein verkürztes Abitur sowie nur drei Jahre Bachelorstudium durchlaufen haben. Dies bedeutet, dass sie früher als je zuvor akademische Arbeitnehmer sind und somit einen Teil des Reifeprozesses der Persönlichkeit erst im Beruf durchleben. Zusätzlich sollte Bewusst werden, dass sich aktuell 72% der Generation im Umbruch vorstellen können, sich zu einem späteren Zeitpunkt selbstständig zu machen. Diese Widersprüchlichkeit zur Erwartung eines sicheren Arbeitsplatzes ohne Verantwortung und Führungsposition zeigt, dass die Gen Z ihre Zukunftspläne noch nicht vollständig durchdacht hat.[57]

2.4 Abgrenzung zu anderen Generationen

Die folgende Grafik stellt die psychologische Arbeitswelt der verschiedenen Generationen als „Darwiportunismus-Matrix" dar. Die Y-Achse bildet die Stärke des Darwinismus ab. Diese sagt aus, wie stark die Optimierung des Unternehmens, spezieller Bereiche oder der Mitarbeiter als Kollektiv angestrebt wird. Der Opportunismus, der durch die X-Achse verdeutlicht wird, stellt den individuellen Antrieb zur Nutzung von Chancen dar.[58] Die Rechtecke stehen für die verschiedenen Generationen. Diese sind je nach Stärke des Darwinismus und Opportunismus in der Matrix eingezeichnet.

---

[55] Vgl. Stommel [2015b], S. S. 62-63; Sellin [2014], o. S.; Ricoh [2015], o. S; Adecco Group [2014], S. 13.

[56] Vgl. Scholz [2014], S. 34, 60, 113f.

[57] Vgl. Hagen [2015], o. S.; Sellin [2014], o. S.

[58] Vgl. Scholz [2003], S. 87 ff.

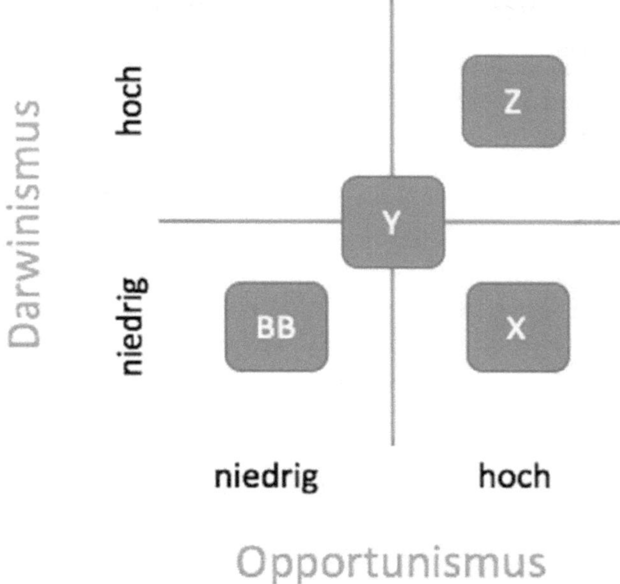

Abbildung 1: Matrix des Darwiportunismus
(Quelle: Eigene Darstellung in Anlehnung an Scholz [2003], S. 87 ff.)

Die Generation Baby Boomer (BB), wurde in den geburtenstarken Jahrgängen nach dem zweiten Weltkrieg zwischen 1946 und 1964 geboren. Die traditionelle Arbeitswelt, in der sie überwiegend gelebt hat, zielt auf Loyalität und Sicherheit ab, was jedoch mit einem enormen Aufwand verbunden war. Mit dem Begriff „Workaholic" wurden die Baby Boomer umschrieben, da sie die Arbeit zum Mittelpunkt ihres Lebens machten. Diese Arbeitshaltung führte zu dem Lebensmotto „Leben, um zu arbeiten". Durch das geringe Ausmaß von Darwinismus und Opportunismus kann eine produktive, verlässliche und harmonische Atmosphäre ohne Wettbewerbsdruck erzielt werden. Jedoch besteht die Gefahr der Mündung in Ineffizienz aufgrund des geringen Marktdrucks und Karrierestrebens.[59]

Der Generation X, die zwischen 1965 und 1979 geboren ist,[60] wurde bezüglich der Arbeitseinstellung insbesondere durch die Situation der Rezession, die für

---

[59] Vgl. Scholz [2003], S. 87 ff.

[60] Vgl. Van den Bergh/Behrer [2013], S 7 f.

einen stark schrumpfenden Arbeitsmarkt sorgte, geprägt. Sie adaptierte die fleißige Arbeitsmoral ihrer Vorfahren, jedoch mit einer deutlich pessimistischeren Einstellung. Für diese Generation war der Beruf ein Mittel zum Zweck, der für ein materiell abgesichertes Leben dienen sollte, weswegen ihr das Lebensmotto „Arbeiten, um zu leben" zuzuordnen ist. Aufgrund dessen begannen die Unternehmen die Interessen der Mitarbeiter zu fokussieren, während die eigenen in den Hintergrund rückten. Dies führt kurzfristig zu einem Gefühl der Sicherheit und Mitbestimmung der Mitarbeiter. Langfristig entsteht jedoch Ineffizienz, die dazu führen kann, dass sich das Unternehmen im Wettbewerb nicht mehr durchsetzt. Die Gen X kennzeichnet sich durch die Verbundenheit mit Land und Leuten, die Sparsamkeit sowie -ähnlich wie die Gen Z- den Respekt vor Recht und Ordnung. Sie steht für die Pflichterfüllung, die vergleichbar mit der pragmatischen Haltung der Generation im Umbruch ist, sowie für christliche Ethik. Sie lässt sich im Konsumentenverhalten als hybriden Käufer einordnen, da der Kaufentscheidungsprozess mit meist geringem Involvement schwer zu durchschauen ist. Das Verhalten dieser Konsumenten ist meist widersprüchlich und abhängig vom sozialen Umfeld und dessen Anerkennung sowie einzelnen Produktbereichen und dem Zeitpunkt.[61]

Die Generation Y (Vorreiter der Gen Z) wird mit der Geburtsspanne 1980 bis 1994 assoziiert und bildet die größte demografische Gruppe. Die Gen Y war die erste Generation, die im Kindesalter das Internet kennenlernte und somit die Strukturen von diesem von klein auf lernten, was zu einer Bezeichnung als „Digital Natives" führt. Ein weiteres Synonym für die Generation Y lautet „die Millennials". Sie kann weder der traditionellen Arbeitswelt, noch der enormen Interessensverfolgung der Mitarbeiter seitens des Unternehmens, hierarchischen Strukturen oder dem purem Darwiportunismus zugeordnet werden. Ihr Verhalten als Arbeitnehmer sowie das der Arbeitgeber weist Eigenschaften aus allen Bereichen auf. Die Millennials erwarten eine herausfordernde Tätigkeit sowie „Work-Life-Balance", da sie -anders als die Gen Z- ein konformes Zusammenspiel zwischen Privat- und Berufsleben bevorzugen. Diese Karriereorientierung führt dazu, dass die Generation Y gewillt ist, Überstunden zu leisten oder außerhalb der Arbeitszeit erreichbar zu sein. Außerdem erstreben sie eine Selbstverwirklichung durch ihren Beruf, in dem sie sich individuell entfalten können und Verantwortung

---

[61] Vgl. Wyss [o. J.], S. 233; Scholz [2003], S. 87 ff.; Behrer/Van den Bergh [2013], S. 7f

übertragen bekommen.[62] Aufgrund des Alters[63], in dem die Eltern der Gen Y (die Baby Bommer) ihre Kinder bekamen, sowie der Einstellung dieser, genossen die Millennials eine liberal orientierte Erziehung sowie eine meist unbeschwerte Kindheit. Dieser Erziehungsstil bewirkte, dass die Generation Y eine kritische Einstellung hat und ein erfolgreiches Umfeld gewohnt ist, sodass sie eine Sorglosigkeit im Bezug auf ihre Zukunft sowie ihren Charakter projiziert hat. Ähnlichkeiten mit der Gen Z weist sie in sozialen Beziehungen auf, da die Gen Y diese ebenfalls außergewöhnlich stark pflegt und über soziale Netzwerke mit ihnen in Kontakt tritt. Trotz des meist hohen Lebensstandards der wohlhabenden Generationen Y und Z sowie dem selbstverständlichen Internetkonsum, entwickeln sich unterschiedliche Kaufverhaltensweisen. Während die Generation im Umbruch pragmatisch agiert und nur rationale Informationen wünscht, woraufhin sie einen Kauf tätigt, sucht die Generation Y nach sämtlichen Informationen, Vergleichen, Käuferbewertungen und –erfahrungen bevor sie den Kaufprozess durchläuft. Die Gen Z fokussiert somit die Produktangaben, wohingegen 77% der Gen Y die Kundenerfahrungen bevorzugen. Die Millennials haben einen hohen Anspruch bezüglich des Konsumverhaltens und erwarten dementsprechende Kauferlebnisse, Beratung und weitere Zusatznutzen.[64]

Sichtbar wird anhand der Abbildung, dass der Arbeitgeber den Wünschen und Interessen der Gen Z stark nachgeht und sich ihren Erwartungen anpasst. Im aktuellen Arbeitsmarkt findet ein purer Darwiportunismus statt, was ein Zusammentreffen von Darwinismus und Opportunismus aussagt. Dies bedeutet, dass beide Parteien ihren eigenen Nutzen verfolgen, dafür jedoch den Partner brauchen, sodass sie seine Interessen berücksichtigen. Resultat eines solchen Phänomens kann die Steigerung der individuellen Chancen der Mitarbeiter parallel zur Steigerung der Wettbewerbsposition des Unternehmens sein. Im negativen Fall kann der Darwiportunismus zu einer enormen Bindungslosigkeit beider Seiten führen.[65]

---

62 Vgl. Ruthus [2013], S. 24 f.; Scholz [2015a], o. S.; Deutsche Gesellschaft für Personalführung e.V. [2011], S. 18 ff.; Scholz [2003], S. 87 ff.; Behrer/Van den Bergh [2013], S. 6; Sellin [2014], o. S.; Palfrey/Gasser [2008], S. 1.

63 Sie bekamen ihr erstes Kind im Durchschnitt mit 30 Jahren (Vgl. Ruthus [2013], S. 17).

64 Vgl. Kovarik [2013], S. 17; Behrer/Van den Bergh [2013], S. 7; Ruthus [2013], S. 25; Scholz [2014], S. 163; Deep Focus' Cassandra Report [2015], o. S.

65 Vgl. Scholz [2003], S. 87 ff.

3 Customer Touchpoints

Dieses Kapital soll eine fundierte Grundlage schaffen, um theoretische Ansatz-
punkte praktisch anzuwenden. Hierzu wird das Customer Touchpoint Management mit seinen Aufgaben und Zielen erläutert, um es zu einem späteren Zeitpunkt für die Aufstellung einer Kommunikations- sowie Rekrutierungsstrategie
zu nutzen. Zudem wird die neue Kommunikationsweise der Gen Z erörtert. Um in
den Strategien passende Kanäle auszuwählen, werden in Kapitel 3.3 potenzielle
Berührungspunkte zwischen Unternehmen und Kunden aufgezeigt.

3.1 Customer Touchpoint Management

Jede Schnittstelle zwischen einem Kunden und einem Unternehmen werden
Touchpoint (=Berührungspunkt) genannt. Diese entstehen überall dort, wo ein
potentieller Kunde mit den Produkten, Dienstleistungen, Marken oder Ressourcen
wie den Mitarbeitern eines Unternehmens vor, während oder nach einer Transak-
tion in Berührung kommt.[66]

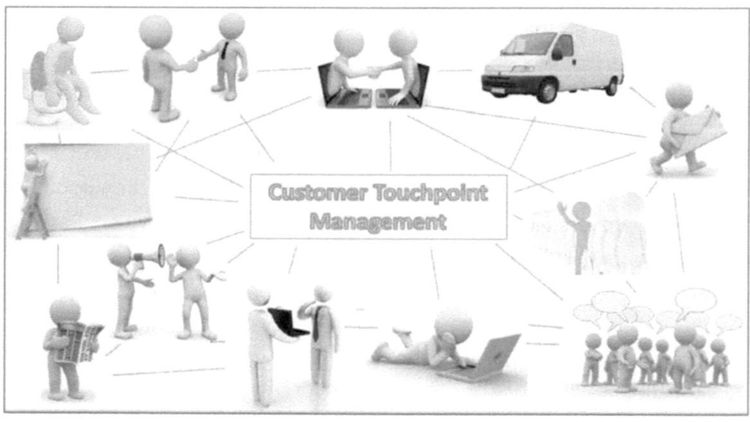

Abbildung 2: Darstellung des Managements aller Berührungspunkte mit dem Kunden
(Quelle: Eigene Darstellung in Anlehnung an Schüller [2012], S. 15)

Unterschieden wird zwischen direkten und indirekten Touchpoints. Während die
direkten unmittelbar mit dem potenziellen Käufer in Kommunikation treten (beispielsweise über Newsletter, Anzeigen, die Webseite, Verpackungen, dem Messe-

---

[66] Vgl. Schüller [2012], S. 148.

stand und Reklamationen), agieren die indirekten über Dritte (Meinungsportale, User-Forum, Testberichte, Blogs, Mundpropaganda, Tweets, Weiterempfehlungen). Die Transparenz durch die Digitalisierung hat sich stark erhöht, sodass ein Kunde in der Lage ist, jegliche indirekten Touchpoints bewusst aufzusuchen und zu erreichen. Dies kann langanhaltende Folgen haben, da der potenzielle Kunde über die Konsequenz der Berührung mit den Touchpoints entscheidet. Somit können negative Erfahrungen an einem Berührungspunkt, der dem Kunden wichtig ist, sogar zum Abbruch der Geschäftsbeziehung oder darüber hinaus zu umsatz- und rufschädigender Mundpropaganda führen.[67]

Aufgrund dieser Konsequenzen ist ein systematisches Management der diversen Touchpoints notwendig, das die intensive Auseinandersetzung und Vernetzung aller unternehmerischen Maßnahmen abteilungsübergreifend fokussiert. Es soll dem Kunden an jedem Interaktionspunkt „eine herausragende, verlässliche und vertrauenswürdige Erfahrung"[68] bieten. Customer Touchpoint Management ist demnach ein Instrument, um Kunden zu beeinflussen und zu binden, eine dauerhafte Kundenloyalität aufzubauen sowie Neukunden zu akquirieren. Somit sollen Kundenerlebnisse an den verschiedenen Berührungspunkten hergestellt werden, um ein herausragendes markentypisches Ereignis zu schaffen. Dadurch wird auf die Steigerungen der Bekanntheits- und Weiterempfehlungsraten fokussiert, die essentiell für Unternehmen sind. Positive Kundenerfahrungen tragen zu rentablen Kaufentscheidungen bei und dienen als Bindeglied zwischen dem Vertrauten und dem Ungewissen, sodass sie die Orientierung und somit die Verkürzung des Entscheidungsprozesses unterstützen.[69] Kunden sollen demnach in der Funktion des Vermarkters integriert werden. Durch die positive Beeinflussung bei Berührungspunkten, können Marken gestärkt werden. Aufgrund der beidseitigen Kommunikation, können Reklamationen, Kritik oder Bewertungen zu Produkt-, Qualitäts-, Prozess- und Serviceverbesserungen führen. Dies kann die Innovationskraft und Wettbewerbsfähigkeit steigern sowie zukünftige Reklamationen vorbeugen und abschwächen. Ein optimales Management koordiniert zudem Ressourcen (Zeit,

---

[67] Vgl. Schüller [2012], S. 148 ff.

[68] Schüller [2012], S. 147.

[69] Das Customer Touchpoint Management dient als eine der wichtigsten Grundlagen für Weiterempfehlungen. In der vorliegenden Bachelorarbeit wird diese Thematik aufgrund der Erkenntnis, dass die Gen Z weniger Wert als andere Generationen auf Kundenerfahrungen legt, jedoch nur kurz beschrieben.

Mitarbeiter, Geldmittel) sowie die Kundenbeziehungspflege, was zu einem höheren Return on Investment führt. Ferner ist zu erwarten, dass durch die Struktur und Übersichtlichkeit weitere Synergie- und Kannibalisierungseffekte aufgedeckt werden.[70]

Wie in der folgenden Abbildung zu sehen, ist das Customer Touchpoint Management ein Vier-Schritte-Prozess, der die Customer Touchpoint Journey als Mittelpunkt aller Unternehmensaktivitäten ansieht. Dabei steht der sozial vernetzte Kunde an oberster Stelle.

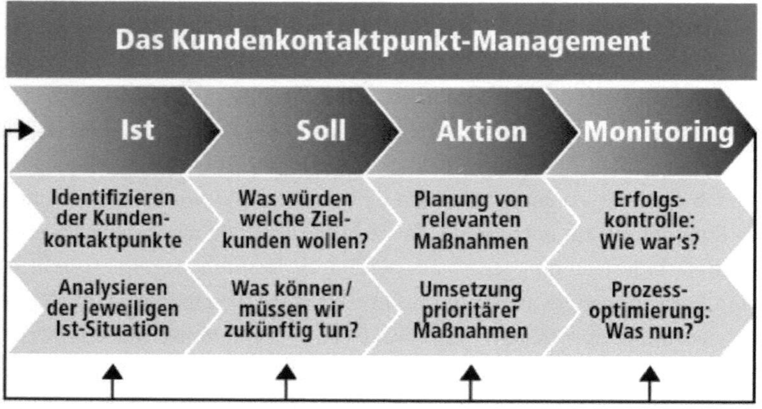

Abbildung 3: Customer Touchpoint Management-Prozess
(Quelle: Schüller [2012], S. 155, unveränderte Form)

Zunächst wird der Ist-Zustand des Unternehmens aus Kundensicht analysiert, indem alle kundenrelevanten Touchpoints, online sowie offline, systematisch erfasst und chronologisch dokumentiert werden. Aufgeteilt werden diese in Pre-Purchase, Purchase und dem After-Purchase (vor, während und nach dem Kauf), was die Customer Journey aus Sicht des Kunden verdeutlicht. Daraufhin muss eine optimale Soll-Situation, durch das Auffinden weiterer möglicher Berührungspunkte, definiert werden. Außerdem wird eine Priorisierung der aus Kundensicht einflussreichsten Touchpoints vorgenommen (am besten durch die Befragung der Kunden selbst und die grafische Darstellung der Ergebnisse darauffolgend) und festgelegt, welche Erfahrungen an welchem Touchpoint widerfahren sollen. Dazu

---

[70] Vgl. Schüller [2012], S. 100-188.

werden die Erwartungen bezüglich der Leistungen sowie der Art und Weise untersucht und mit den darauffolgenden Reaktionen verglichen. Die Fokussierung auf die erfolgswirksamsten Schlüssel-Berührungspunkte verbessert das Zusammenspiel eines effizient kombinierten Marktbearbeitungsmixes und optimiert die Wirkungsweise. Außerdem entsteht ein Differenzierungsmerkmal gegenüber dem Wettbewerb. Dieses Alleinstellungsmerkmal führt zu einer geringeren Preiselastizität der Nachfrage. Zu Beachten ist, dass nur die richtige Auswahl der Touchpoints sowie das richtige Timing zum Kunden führt, was eine große Herausforderung darstellt. Auf die Definition der Soll-Situation folgt die operative Umsetzung. Diese erfordert eine konkrete Planung der notwendigen Maßnahmen zur Herstellung der Soll-Situation, die mit Hilfe der Mitarbeiter aufgestellt wird. Die Berührungspunkte werden emotionalisiert und optimiert, sodass sie Erinnerungsvermögen, Wiederkauf und Empfehlungsbereitschaft hervorrufen. Um die Berührung mit den Touchpoints positiv zu beeinflussen, sollte das Unternehmen stets darauf achten, dass der Berührer diese zulässt, um einer flüchtigen Begegnung vorzubeugen. Dazu ist die Zurückhaltung des Unternehmens entscheidend, die von einem passiven eigenen Verhalten zu einer aktiven Tätigkeit führt. Zudem sollte das Unternehmen in keiner Interaktion Falschangaben machen oder wichtige Informationen bewusst zurückhalten. Zuletzt erfolgt das Monitoring, das die Ergebnisse touchpointspezifisch misst, woraufhin weitere kundenrelevante Prozesse optimiert werden. Die Messung kann beispielsweise anhand der Weiterempfehlungsrate ermittelt werden, da diese Ausgangs- und Zielpunkt des CTM ist.[71]

Die Touchpoint-Optimierungen sollten stets mithilfe der Mitarbeiter erarbeitet werden, damit der zukünftige Auftritt einer Marke konkludent mit den Inhalten des Soll-Zustandes erfolgt. Durch die Einbeziehung des Personals kann die Identifikation mit der Marke besser ermöglicht werden und die Mitarbeiter werden motiviert, die Maßnahmen umzusetzen. Dadurch werden interne Leistungsreserven freigesetzt, was zu einem größeren Ideenreichtum, einer verbesserten Kundenorientierung sowie zu passenderen Angeboten führt.[72]

Ein weiterer relevanter Hinweis ist die Zusammenführung der online und offline Welt. Insbesondere die Gen Z verbringt einen Großteil ihres Lebens online, unterscheidet jedoch nicht zwischen online und offline. Dies führt zu einer einzigen

---

71 Vgl. Schüller [2012], S. 155-228.
72 Vgl. Schüller [2012], S. 211 f.

Identität, statt zu einer separaten Erscheinung hinsichtlich digitaler und realer Identität. Die größte Herausforderung für das Unternehmen ist demnach, Ideen und Kommunikationsstrategien zu entwickeln, „die so selbstverständlich mit beiden Medienwelten spielen, wie die Menschen, die sie nutzen"[73], sodass sie ein Gesamterlebnis darstellen. Zusätzlich sollten sie ebenfalls über Smartphones sowie in sozialen Medien anwendbar sein. Insbesondere durch Social Media hat sich die Rolle der Mundpropaganda entwickelt, sodass diesem deutlich mehr Wert als früher zugesprochen wird und sich die Anzahl der Berührungspunkte erhöht hat.[74]

Zusammenfassend wird deutlich, dass ein Customer Touchpoint Management nicht nur die verschiedenen Maßnahmen zur Kommunikation sowie zur Rekrutierung vernetzt, sodass ein Wiedererkennungswert generiert, Marken besser assoziiert werden und die größtmögliche Menge an potenziellen Kunden erreicht (wie bei der typischen 360°-Marketingform). CTM ist abteilungsübergreifend und unterstützt viele relevante Aspekte, um ein Unternehmen erfolgreich zu positionieren. Werden die Touchpoints so verknüpft, dass sie zum Wiederkauf führen und positiven Buzz (Mundpropaganda) bewirken, führt dies zu Kosten- und Zeiteinsparungen sowie einem optimierten Budgeteinsatz mit höheren Erträge. Dennoch wird sich diese Bachelorarbeit aufgrund der Größenordnung und Dimensionen, die CTM beinhaltet, auf die kommunikationspolitischen Aspekte der direkten Touchpoints bezüglich der Kommunikations- und Rekrutierungsstrategie konzentrieren.

3.2 Neue Wege der Kommunikation

Die Gen Z kommuniziert anders als die Baby Boomer oder die Generation X. Differenziert zur Gen Y, ist die Generation im Umbruch nicht nur mit dem Internet aufgewachsen, sondern in die Internetwelt hinein geboren worden. Dadurch ist die Nutzung dieser und des Smartphones eine alltägliche Tätigkeit. Der Austausch via „Whatsapp", „Snapchat" und „Instagram" ist für sie selbstverständlich, ebenfalls die Pflege der sozialen Kontakte darüber. Das halbe Leben der Gen Z spielt sich über soziale Netzwerke und im Internet ab, was jedoch nicht als separates Kommunikationsmittel angesehen wird, sondern als Hauptinteraktion zwischen

---

[73] Wayne Arnold, Global CEO der Kommunikationsagentur Profero.
[74] Vgl. Schüller [2012], S. 14-20 und 152.

Freunden und Bekannten. Aufgrund der herrschenden Geschwindigkeit im Alltag, ist es die Generation im Umbruch gewohnt, unter Zeitdruck zu stehen. Dies haben sie auch in ihrer Kommunikation berücksichtigt, wodurch Grammatik und Ausdrucksweise weniger Wert als Piktogramme[75] erhalten haben.[76]

Außerdem ist die Gen Z, wie alle Generationen, die das Internet nutzen und sich außer Haus bewegen, einer Informationsflut ausgesetzt. Aufgrund der steigenden Relevanz der Werbung sowie der Anzahl an neuen Produkten, Varianten und Marken, ist die Werbedichte drastisch gestiegen. Kaum ein Unternehmen verzichtet auf Werbung, sondern möchte Markenbranding erzielen, sodass jeder Konsument täglich mit 3.000 Werbebotschaften konfrontiert wird. Die Folgen sind Konsumentenverwirrtheit sowie Entscheidungsschwierigkeiten. Außerdem entsteht eine sogenannte „Ad-Blindness", was besagt, dass die Personen die Maßnahmen nicht mehr bewusst wahrnehmen, da sie nicht in der Lage sind, eine derart große Anzahl an Informationen aufzunehmen und zu verarbeiten.[77]

Die neue Kommunikation über Smartphones und Tablets, die dauerhafte Überflutung der Reize durch digitale und klassische Medien sowie die minimale Bildschirmgröße hat die Auffassungsgabe und die Fokussierung der Generation im Umbruch deutlich verändert. Informationen werden nun unbewusst aufgenommen, verarbeitet, auf Relevanz geprüft und aussortiert. Dadurch hat die Gen Z eine starke Ausprägung der Konzentrationsfähigkeit, welche jedoch nur begrenzt abrufbar ist, da die Aufmerksamkeitsspanne immer geringer wird. Nur noch rund acht Prozent der Informationen, die die Aufmerksamkeit wecken, werden wahrgenommen. Die restlichen 92% werden verworfen.

Während die Fähigkeit der Langzeitkonzentration auf eine bestimmte Tätigkeit gesunken ist, hat sich das Multitasking-Vermögen verbessert. Insbesondere Computer-, Konsolen- oder Smartphone-Spiele erwarten diese Fähigkeit, sodass sie von Kind an gefordert wurde und sich entwickelt hat. Eine weitere Wirkung des stetigen Internetkonsums ist die veränderte Nutzung der Gedächtnisressourcen.

---

[75] Schnelle, symbolbasierte Kommunikation.

[76] Vgl. Sellin [2014], o. S.

[77] Vgl. Pro-medial [2015], o. S.; Mangelsdorf [2015], S. 21; Sellin [2014], o. S.; Bitkom [2015], o. S.

Sind Informationen schnell über den Internetkonsum abrufbar, bleiben sie nicht mehr im Gedächtnis verankert.[78]

3.3 Potenzielle Touchpoints zur Generation Z

Zur Konzipierung der Kommunikations- und Rekrutierungsstrategie müssen die verschiedenen Touchpoints herausgefiltert werden, wo Unternehmen derzeit mit der Zielgruppe Gen Z entweder bereits in Interaktion treten oder die Möglichkeit dazu haben. Um diese Erkenntnisse zu ermitteln, wird das Freizeitverhalten sowie die Informationsbeschaffung der fünf- bis 20-jährigen analysiert, sodass begutachtet werden kann, an welchen Berührungspunkten ideale Voraussetzungen für die Umsetzung der Werbemaßnahmen herrschen.

3.3.1 Freizeitverhalten

Aufgrund der Altersspanne der Gen Z, weist die Zielgruppe große Unterschiede innerhalb des Freizeitverhaltens auf. Dennoch lassen sich einige Berührungspunkte in der Freizeit festlegen, an denen Unternehmen mit den meisten Angehörigen der Generation im Umbruch (unabhängig vom Alter) in Kontakt treten können.

99% der Gen Z sind online aktiv, davon haben 47% der oberen sozialen Schicht und 17% der unteren Schicht mindestens drei Zugänge (z.B. Tablet, Smartphone, Laptop). 90% der 16- bis 18-jährigen haben die Möglichkeit, das Internet über ihr Smartphone zu nutzen, sodass sie mobile Endgeräte und das Web intuitiv bedienen bzw. navigieren. Der Durchschnittswert des wöchentlichen Onlinekonsums liegt bei mehr als 18 Stunden. Parallel zur steigenden Nutzung, steigt auch die Medienkompetenz der Heranwachsenden. Ihnen ist bewusst, dass sie nicht nur Kunde, sondern zugleich auch Datenzulieferer des Anbieters sind. Große Konzerne verwerten die Verbraucherdaten zur Ertragssteigerung. Aufgrund dieser Kenntnis und -wie in Kapitel 1 gezeigt- dem hohen Sicherheitsbedürfnis (gerade der Privatsphäre) legen 72% der Gen Z hohen Wert auf Transparenz im Internet. Sie gehen vorsichtig mit ihren Daten um, indem sie die Kontrolle ihres Nutzerver-

---

[78] Vgl. Pro-medial [2015], o. S.; Sellin [2014], o. S.

haltens nicht außer Acht lassen. Dennoch wird neben den alltäglichen Interaktionen das Internet und Social Media zum Austausch verwendet.[79]

Die Intention der Nutzung von sozialen Netzwerken bezüglich der Kommunikation basiert jedoch auf unterschiedlichen Faktoren. „Fear Of Missing Out"[80] spielt dabei eine zentrale Rolle. Zwei von fünf Personen in der Altersspanne von zwölf bis 25 nutzen soziale Netzwerke zur Sichtung des Freizeitverhaltens anderer Personen. 39% bewegt das Kriterium Spaß zur Nutzung. Gleichzeitig geben 75% der Jugendlichen zwischen neun und zwölf Jahren an, dass sie Social Media aus Langeweile oder zur Ablenkung von Wartezeiten nutzen. Je älter die Jugendlichen sind, desto häufiger wird der Aspekt der Informationsfindung zur Nutzung des Internets und insbesondere sozialer Netzwerke genannt. Alltagsrelevante Informationen und Ereignisse sowie Recherchearbeiten (z.B. durch die Nutzung von Google) und der E-Mailverkehr fallen unter diese Form der Internetznutzung.[81]

Zusammenfassend stellen sich somit fünf Typen von Internetz-Nutzern, die die „Shell-Studie" aufgestellt hat, dar: 25% der zwölf bis 25-jährigen können als „Info-Nutzer" bezeichnet werden. Diese Gruppe besteht aus hauptsächlich weiblichen und besser gebildeten Heranwachsenden, die bezüglich der Internetznutzung etwa dem Durchschnitt, 18 Stunden pro Woche, entsprechen. 24% fallen unter die Gruppe der „Medienkonsumenten" und sehen den Verwendungszweck des Internets vor Allem in der Unterhaltung. Aufgrund des überwiegenden Spiele- und „YouTube"-Konsums, besteht diese Gruppe weitgehend aus männlichen, jüngeren Jugendlichen und häufig Gymnasiasten. Ihr Internetkonsum liegt über dem Durchschnitt bei etwa 20 Stunden pro Woche. Die „digitalen Bewohner" mit 20% kennzeichnen sich durch die Verwendung des Unterhaltungs-, Austauschs- und Informationszwecks und sind vermehrt männlich, älter und stammen aus den verschiedensten Schichten. Sie nutzen das Internet etwa 25 Stunden pro Woche. 19% der zwölf- bis 25-Jährigen werden als „Gelegenheitsnutzer" bezeichnet, sodass sie lediglich 11 Stunden pro Woche das Internet konsumieren. Hier herrscht oftmals ein geringer Bildungshintergrund. Die letzte Gruppe mit zwölf Prozent sind die „Selbstdarsteller", die häufiger männlich und älter sind. Sie sind etwa 16

---

[79] Vgl. Albert/Hurrelmann/Quenzel/TNS Infratest Sozialforschung [2015], S. 18 f.; Combi [2015], S. 7; Sellin [2014], o. S.; Pro-medial [2015], o. S.;

[80] FOMO = „Fear Of Missing Out" - Die Angst etwas zu verpassen.

[81] Vgl. Albert/Hurrelmann/Quenzel/TNS Infratest Sozialforschung [2015], S. 19 ff.&130; Hagen [2015], o. S.

Stunden pro Woche online. Gruppenübergreifend surfen 69% aller Jugendlichen zwischen zwölf und 19 Jahren[82] vor dem zu Bett gehen aktiv im Netz und viele unmittelbar nach dem Aufwachen.[83] Die Internetznutzungs-Typen werden somit zwischen den „Info-Nutzern", „Medienkonsumenten", „digitalen Bewohnern", „Gelegenheitsnutzern" und den „Selbstdarstellern" unterschieden.[84]

Möchte das Freizeitverhalten in vier Typen aufgeteilt werden, so wurde innerhalb der „Shell-Studie" (die Befragungen mit zwölf- bis 25-Jährigen durchgeführt hat) ermittelt, dass 27% als „Medienfreaks"[85] bezeichnet werden können. Diese Gruppe wird nicht nur von der reinen Nutzung von sozialen Netzwerken geprägt, sondern sie beinhaltet das überdurchschnittliche Konsumieren von Spielen, Videos oder Fernsehen. Jedoch ist der Konsum von TV und Hörfunk bei der Gen Z geringer als bei den älteren Generationen. 60% der Gen Z bevorzugen ihr Smartphone als Unterhaltungswert. Ebenfalls führen die Multiscreens dazu, dass TV als „Nebenbeimedium"[86] klassifiziert wird. Dagegen ist das Filmen mit Smartphones oder Videokameras eine beliebte Freizeitaktivität der Gen Z. 19% sind vor Allem an kreativen Elementen interessiert und 24% sind stärker familienorientiert als der Durchschnitt, was sich durch häufige Unternehmungen mit der Familie außer Haus oder gemeinsamen Fernsehkonsum auszeichnet. Außerdem kommunizieren Familienorientierte häufiger online untereinander. Diese beiden Gruppen bestehen vermehrt aus dem weiblichen Geschlecht und der Mittelschicht. Die vierte Gruppe wird aus der Gruppe der Geselligen mit 30% definiert, die ihre Zeit überwiegend mit der Peergroup verbringen.[87] Dementsprechend dienen Orte der Geselligkeit, wie zum Beispiel das Kino, als mögliche relevante Kontaktpunkte. Viele der Jugendlichen, insbesondere aus der Mittelschicht, besuchen regelmäßig Partys und Diskotheken. [88]

Ein zentrales Thema sind außerdem sportliche Aktivitäten, die auf Sportplätzen oder in Turnhallen ausgeführt werden. Insbesondere der Trendsport Fußball

---

82 Vgl. Yahoo! Deutschland Services GmbH [2015], o. S.
83 Vgl. Albert/Hurrelmann/Quenzel/TNS Infratest Sozialforschung [2015], S. 43 ff.
84 Vgl. Albert/Hurrelmann/Quenzel/TNS Infratest Sozialforschung [2015], S. 19 ff.
85 Albert/Hurrelmann/Quenzel/TNS Infratest Sozialforschung [2015], S. 17.
86 Kuhlmann [2008], S. 97.
87 Vgl. Albert/Hurrelmann/Quenzel/TNS Infratest Sozialforschung [2015], S. 16 ff.
88 Vgl. B4p [2015], o. S; Albert/Hurrelmann/Quenzel/TNS Infratest Sozialforschung [2015], S. 16 ff.&123; Yahoo! Deutschland Services GmbH [2015], o. S.; b4p [2015], o. S.

wird von der Gen Z verbreitet ausgeübt. Ab einem Lebensjahr von etwa 16 Jahren, fangen die Jugendlichen auch mit dem Besuch von Fitnessstudios an.[89] Ein weiteres Hobby (der insbesondere aus sozial besser gestellten Elternhäusern) der Generation im Umbruch ist das Lesen von Büchern.[90]

Der typische Tagesablauf der Kinder und Jugendlichen, entwickelt aus den Ergebnissen der angehängten Interviews, besteht zunächst aus dem Schulweg, der entweder zu Fuß, mit der Bahn oder dem Bus erfolgt. Nach dem Besuch der (Fachhoch-)Schule essen die meisten Angehörigen der Gen Z zuhause, bevor sie die Hausaufgaben bewältigen. Daraufhin verabreden sie sich mit ihren Freunden oder verbringen ihre Freizeit mit den Haustieren. Ab und zu wird außerhalb des Hauses, zum Beispiel in der Innenstadt, Zeit verbracht. Zuhause werden Unterhaltungen mit der Peergroup (teilweise parallel zur Nutzung von sozialen Netzwerken) geführt oder Videos sowie Konsolenspiele konsumiert. Am Abend finden das Abendessen und mehrmals in der Woche Sporttätigkeiten im Verein statt.[91]

3.3.2 Informationsbeschaffung

Die Erkenntnisse über die Informationsbeschaffung der Gen Z unterteilen sich zwischen den Arbeitssuchenden, die Informationen über mögliche Ausbildungs- oder Einstiegsberufe beziehungsweise konkreten Stellen sammeln, und Konsumenten, die nach Informationen über Produkte oder Dienstleistungen suchen.

Die meisten Angehörigen der Gen Z laut der „VSD Allensbach-Studie", schauen online auf speziellen Rekrutierungswebseiten oder -blogs sowie sozialen Netzwerken nach Berufen und ausgeschriebenen Stellen.[92] Eine weitere Möglichkeit ist die Suche durch Jobagenten (passende Beschäftigungen werden per Mail vorgeschlagen) zu gestalten. 60% sucht auf der Karriereseite des Unternehmens nach offenen Vakanzen und Beschreibungen zu einer Stelle, während 27% die Recherche über mobile Endgeräte oder Applikationen steuert.[93] Bewertungsportale,

---

[89] Vgl. B4p [2015], o. S.; Stommel [2015a], S. 66-67; Stommel [2015b], S. 62-63; Stommel [2015c], S. 64-66; Stommel [2015d], S. S. 63-64; Albert/Hurrelmann/Quenzel/TNS Infratest Sozialforschung [2015], S. 113.

[90] Vgl. Albert/Hurrelmann/Quenzel/TNS Infratest Sozialforschung [2015], S. 17.

[91] Vgl. Stommel [2015a], S. 66-67; Stommel [2015b], S. 62-63; Stommel [2015c], S. 64-66; Stommel [2015d], S. 63-64.

[92] Vgl. Institut für Demoskopie Allensbach [2014], S. 8.

[93] Vgl. Institut für Demoskopie Allensbach [2014], S. 26.

in denen aktuelle oder ehemalige Mitarbeiter Auskunft über die herrschende Arbeitsatmosphäre, Bedingungen und Leistungen geben, bieten der Generation im Umbruch Transparenz.[94] Gleichzeitig dienen bestehende Mitarbeiter zunehmend als Informationsquelle zur Findung passender neuer Fachkräfte. Somit entsteht die Gen Z parallel zum „Paradigmenwechsel in Wirtschaft und Gesellschaft"[95].

An der eigenen Universität oder Hochschule suchen laut der „Adecco Studie" etwa 29% nach ausgeschriebenen Stellen.[96] Hierbei handelt es sich aufgrund des Alters jedoch meist um Nebenjobs, da die um 1995 Geborenen noch keinen Hochschulabschluss haben. Enge Zusammenarbeit zwischen Unternehmen und Schulen, Lehr- und Ausbildungsinvestitionen, Vereinen und Freizeiteinrichtungen können den Bekanntheitsgrad und das dadurch entstehende Interesse an weiteren Informationen fördern. Für die grobe Übersicht von verschiedenen Angeboten nutzt 55% der Jugendlichen Broschüren und Ratgeber zur Informationsbeschaffung.[97] Hierbei handelt es sich jedoch selten um unternehmensinterne, sondern vielmehr um neutrale Auskünfte über diverse Berufsmöglichkeiten, da die Gen Z wenig Vertrauen in eigengelobte Unternehmensphilosophien oder Erfolgsdarstellungen legt. Relevanter sind demnach rationale und wahrheitsgetreue Fakten. Mindestens 38% der Generation im Umbruch bedient sich dazu klassischer Medien wie Print, Funk, TV und regionale Zeitschriften.[98] Lediglich jeder Vierte nutzt Beratungen oder Broschüren von den für vorherige Generationen typischen Institutionen wie die Bundesbehörde oder die Agentur für Arbeit.[99]

Influenzer und das direkte soziale Umfeld wie Freunde oder Bekannte in Social Media sowie die Eltern tragen bei 28% der Personen der Zielgruppe zur Informationsbeschaffung bei, indem sie eigene und fremde berufliche Erfahrungen weitergeben, die Berufsmöglichkeiten aufzählen und die Heranwachsenden diesbezüglich beraten sowie Empfehlungen aussprechen. Verknüpft wird dies meist mit dem gemeinsamen Besuch von Veranstaltungen wie Schülerpraktika, Schnupperangebote, gemeinsame Projekte, Infoveranstaltungen oder Firmenkontaktevents (bspw. der „Tag der offenen Tür" mit einem vielfältigen Rahmenprogramm). Dies

---

94 Vgl. Schüller [2012], S. 43.
95 Schüller [2012], S. 44.
96 Vgl. Adecco Group [2014], S. 15.
97 Vgl. Institut für Demoskopie Allensbach [2014], S. 40.
98 Vgl. Institut für Demoskopie Allensbach [2014], S. 26.
99 Vgl. Institut für Demoskopie Allensbach [2014], S. 4.

hilft bei der Erkenntnis, ob gewisse Berufe mit den individuellen Präferenzen und Erwartungen übereinstimmen. 53% der Gen Z findet solche Veranstaltungen besonders hilfreich, da sie realitätsbezogen sind. Sie lernen das Unternehmen im Kern kennen und nicht nur das, was es von sich preisgeben möchte.[100]

Abbildung 4: Informationsbeschaffung von Berufen und ausgeschriebenen Stellen (Quelle: Eigene Darstellung)

Ähnlich wie bei den bisherigen Erläuterungen zur Informationssuche von Berufen und Stellen, zeichnen sich auch Neigungen innerhalb der Informationsbeschaffung von Produkten und Dienstleistungen ab. Die Gen Z wird weder von verschönerten Aussagen, noch von aufwändig künstlich hergestellten Erlebnisgefühlen oder emotionalen Kampagnen überzeugt.[101] Die Neigung zu entscheidungsrelevanten Informationen führt zu Bevorzugungen von glaubwürdig erscheinenden

---

[100] Vgl. Institut für Demoskopie Allensbach [2014], S. 26 ff.; Adecco Group [2014], S. 13; Mangelsdorf [2015], S. 32.

[101] Vgl. Wyss [o. J.], S. 236.

Unternehmen und zum Verfall von Preisstrategien. Dadurch verlieren ebenfalls Dachmarkenstrategien an Bedeutung. Lediglich die Produkte an sich stehen im Vordergrund und Unternehmen müssen diese stetig neu etablieren, wodurch die Volatilität von Marktanteilen steigt.[102] Durch ihren Pragmatismus getrieben, erwartet die Gen Z die Darstellung von Fakten zum Produkt. Dies können Nutzungsmöglichkeiten, Vor- und Nachteile, die Nutzungsdauer und die Garantiezeit sein. Dem Streben nach Vereinfachungen im Alltag folgend, müssen neue Produkte und Dienstleistungen so kommuniziert werden, dass der Zielgruppe bewusst wird, warum es sich für die Befriedigung gewisser Insights[103] eignet und inwiefern sie sich daher als Erleichterung im Lebensstil einfügen.[104]

---

[102] Vgl. Scholz [2015b], o. S.

[103] Ein unbestimmtes Bedürfnis, das ohne Nachteile für den Konsumenten zu befriedigen gilt.

[104] Vgl. Scholz [2014], S. 163 f.; Deep Focus' Cassandra Report [2015], o. S.; Wyss [o. J.], S. 236.

4 Strategische Handlungsempfehlungen für Kommunikationsstrategien

Eine Kommunikationsstrategie beinhaltet umfassende und verbindliche Verhaltenspläne für Kommunikationsinstrumente von Unternehmen innerhalb mehrerer Planungsperioden. Ziel ist die bewusste Wahrnehmung dieser Maßnahmen von Konsumenten. Die Verhaltenspläne beziehen sich auf ausgewählte Planungsobjekte, wie zum Beispiel der Marke, Leistungen und der Unternehmen. Das Objekt -und somit der Absender der Kommunikationsbotschaft-, die Zielgruppe (in diesem Falle die Gen Z), die definierten zentralen Inhalte und Kernbotschaften innerhalb der Positionierung, das Timing und die geografische Ausrichtung sind die Schwerpunkte der kommunikationsstrategischen Entscheidungen. Hinzu kommen die Mittel und Wege der Botschaft, die als Maßnahmen bezeichnet werden. Die Mediastrategie leitet sich von der Kommunikationsstrategie ab und beinhaltet die Wahl einzelner Mediaträger oder Kanäle, die als Mix ergänzender Maßnahmen zusammengetragen werden. Die vorliegende Bachelorarbeit enthält Handlungsempfehlungen über die Entscheidungen hinsichtlich der Botschaft und den Maßnahmen innerhalb der Kommunikationsstrategie. Jedes Unternehmen muss diese strategischen Hinweise jedoch auch die individuell definierten Ziele (diese Bachelorarbeit ist insbesondere auf die Bekanntmachungs- oder Zielgruppenerschließungsstrategie ausgerichtet) und das festgelegte Budget anpassen. Davon abhängig sind ebenfalls das Timing sowie das Areal. Wichtig ist die Erzielung eines ausgeglichenen Kosten-Leistungs-Verhältnisses. Die Strategie wird aufbauend auf die vorangestellten Ergebnisse konzipiert, sodass die Kanäle und die Inhalte zielgruppenadäquate Ergebnisse liefern.

4.1 Die Beeinflusser

Die im Entscheidungsverhalten relevanten Komponenten sind neben den Unternehmen selbst die Meinungsbildner aus sozialen Medien und Influenzer durch die Peergroup.

Grundsätzlich gilt, dass das Unternehmen für die Gen Z vertrauenswürdig sein muss. Wegen der hinterfragenden und skeptischen Haltung, glaubt die Generation im Umbruch nur rationalen Fakten und hegt eine Abneigung gegenüber Werbung. Dementsprechend möchte sie fachlich und ehrlich informiert werden. Hat eine Marke in der Vergangenheit Erfolge durch Produkte versichert, die nicht eingetreten sind, wird diese in der Zukunft nicht mehr relevant für den Konsumenten der Gen Z sein.

Zudem fallen Meinungsbildner unter die Beeinflusser der Generation im Umbruch im Konsumverhalten.[105] Heutzutage treten bei den Jugendlichen populäre Persönlichkeiten, die meist durch klassische Medien Bekanntheit erlangt haben, in den Hintergrund. Die Gen Z möchte die Nahbarkeit ihrer Idole spüren und, in Anbetracht des Zeitalters des Anstrebens von Perfektion, sehen, dass ihre Vorbilder mit ähnlichen Problemen und Herausforderungen wie sie belastet sind.[106] Der mögliche direkte Kontakt durch soziale Netzwerke oder Blogs, der Erhalt von Neuigkeiten sowie Informationen aus dem Alltag sind wichtige Faktoren für die Heranwachenden. Außerdem unterstützen Tipps zu speziellen Kenntnissen (Kleidung, Sport, Ernährung, soziale Beziehungen, Reisen, Hobbies) das aufwandreduzierte und habituelle Verhalten der Generation im Umbruch.

Der letzte beeinflussende Faktor besteht aus der Peergroup, da diese Erfahrungen sowie Empfehlungen weitergeben. Die Gen Z legt großen Wert auf enge soziale Kontakte. Durch die Skepsis gegenüber Aussagen von Unternehmen dient der Rat der Peergroup als Entscheidungs- und Orientierungshilfe.

4.2 Inhalte

Vor der konkreten Konzipierung der Inhalte, ist das zielgruppenangepasste Timing entscheidend. Aufgrund der geschwächten Auffassungsgabe und des schnellen Verlustes von Informationen müssen die Kommunikationsmaßnahmen permanent und in Echtzeit, aber sukzessiv geschaltet werden. Die Gen Z präferiert, wegen der geringen Aufmerksamkeitsfähigkeit, komplexitätsreduzierte Informationen, sodass die Kommunikationsmaßnahmen nur noch der Interessenslage dieser Zielgruppe im Zusammenhang mit ihrer aktuellen Situation und ihrem Standort entsprechen darf.[107] Dies kann durch personalisierte Nachrichten und Inhalte erfolgen. Wegen der Relevanz der Privatsphäre, die die Gen Z pflegt, sollten lediglich offengelegte Daten für die Anpassung der Inhalte an die einzelnen Personen zur Ausführung dieses Targeted Advertising genutzt werden. Dazu kön-

---

[105] Vgl. Stommel [2015a], S. S. 66-67.
[106] Vgl. Scholz [2014], S. 68.
[107] Vgl. Schüller [2012], S. 18.

nen Informationen über die Interessen online, das Surfverhalten sowie die Vernetzung im Freundeskreis gesammelt werden.

Werden diese angepassten und echtzeitorientierten Maßnahmen mit einer Interaktionsmöglichkeit verknüpft, besteht die Option, dass die Werbebotschaft viral wird. Die Generation im Umbruch kommuniziert überdurchschnittlich viel und ist mit Medien bestens vertraut. Werden ihnen die Möglichkeit sich an den Maßnahmen zu beteiligen, sie mitzugestalten oder zu teilen geboten, nehmen sie diese häufig an. Die dadurch entstehenden Challenges[108] oder Selfie[109]-Wettbewerbe bieten eine große Reichweite, wodurch Aufmerksamkeit und Bekanntheit erlangt wird. Bei Interaktionsaufforderungen sind einfache, schnell zu verstehende Aufgaben entscheidend, damit sie von jeder Person der Zielgruppe erfüllt werden können. Außerdem werden Challenges meist angenommen, wenn Prominente daran bereits teilgenommen haben und sie einem guten Zweck dienen oder herausragenden Spaß bereiten. Durch die Möglichkeit Inhalte online zu teilen, sodass vernetzte Freunde beispielsweise einen Werbespot empfohlen bekommen, entsteht ein vertrautes Empfehlungsmarketing.

Vor dem Hintergrund des schnelllebigen Alltages und der komprimierten sowie symbolbasierten Kommunikation über Smartphones, werden auch die Inhalte der Maßnahmen durch Abkürzungen, Symbole oder Bilder dargestellt. In diesem Zusammenhang sind kurze Ladezeiten von Webseiten entscheidend. Die mitteilungsreduzierte Botschaft muss simultan mit dem ersten Kontakt begeistern, sodass die geringe Aufmerksamkeitsspanne ausreicht, um in die bewusste Wahrnehmung der Zielgruppe zu gelangen. Dieses sollte mit einfachen und verständlichen Informationen und der Abbildung des Produktes bei seiner Nutzung in der dazu gewöhnlichen Umgebung verknüpft werden. [110]

Die weniger spektakulären, aber gekonnten Werbemaßnahmen können mit Prominenten als Testimonials konstruiert werden. Wie im vorherigen Kapitel erläutert, werden Meinungsbildner aus dem Alltag, die in sozialen Netzwerken berühmt wurden, bevorzugt, da die Zielgruppe ein Misstrauen gegenüber Medien

---

[108] Ein Wettbewerb, in dem man eine Aufgabe erfüllt und weitere Personen dazu auffordert, diese ebenfalls zu bewältigen.

[109] Ein Eigenportrait, das meist mit der vorderen Kamera eines Smartphones ohne fremde Hilfe gemacht wird.

[110] Vgl. Yahoo! Deutschland Services GmbH [2015], o. S.

und Werbung hegt. Sie sucht somit nach Vermittlern aus der eigenen Generation.[111] Werden die richtigen Targets in Form von Meinungsbildnern gefunden und als Botschafter gewonnen, dienen sie als Startpunkt der potenziellen Kundenbeziehung. Vier Prozent der Menschen sind Meinungsmacher, denen die restlichen 96% folgen und online sowie offline vertrauen. Gleichzeitig berücksichtigen Suchmaschinen-Algorithmen den durch Meinungsbildner entstehenden Buzz, sodass Unternehmen durch diese Kommunikationsmaßnahme einen höheren Rang erreichen. Ein solches Empfehlungsmarketing beugt die Reizüberflutung vor, indem klare Empfehlungen oder Hinweise auf neue Produkte von vertrauten und unabhängigen Quellen gegeben werden. Das Vertrauen überträgt sich auch auf das Produkt oder die Dienstleistung.46 Ein weiterer Pluspunkt ist, dass der Gen Z in diesem Augenblick nicht bewusst ist, dass sie mit Werbung konfrontiert wird. Das Gegenteil ist der Fall: Sie ist interessiert daran, sich das Bild oder Video des Meinungsbildners anzuschauen und etwas empfohlen zu bekommen.

Die Verknüpfung dieser Inhalte mit Content Marketing im Kontext zum Unternehmen schafft dem Konsumenten Mehrwerte ohne monetären Gegenwert. Informationen, Hilfestellungen, Wissen oder Unterhaltung werden dem potenziellen Kunden geboten, sodass dieser gewillt und motiviert ist, die Inhalte zu konsumieren. Der Einsatz dieser Form von Marketing kann universell in allen Medien erfolgen und baut einen Expertenstatus auf.

Die Gen Z wird durch Kommunikationsmaßnahmen erreicht, die persönlich, faktenberuht und mobilfähig sind. Sie müssen der pragmatischen Zielgruppe zeigen, inwiefern sie nützlich sind und sich in den Lebensstil dieser produktiv einfügen. Targeted Advertising wird demnach mit personal mobile Marketing[112] verknüpft und kann durch Content Marketing erweitert werden.

4.3 Kanäle

Die Erörterung des Customer Touchpoint Managements hat die Relevanz der Bedienung an mehreren Kanälen und deren Vernetzung dargestellt. Zudem können Unternehmen nicht mit allen Personen der Gen Z an den gleichen Touchpoints interagieren, weswegen die Bedeutung der Verwendung von mehreren Kanälen steigt. Um sicherzustellen, dass alle Kanäle miteinander verbunden sind, um den

---

[111] Vgl. Deep Focus' Cassandra Report [2015], o. S.; Nielsen [2015], o. S.; Scholz [2015b], o. S.
[112] Vgl. Schüller [2012], S. 18.

Kunden auf der Customer Journey nicht zu verlieren, muss eine Cross-Channel-Strategie gefahren werden, die zielgruppenadäquate Kanäle auswählt.[113] Da die Generation im Umbruch deutliche Ausprägungen in ihrer Mediennutzung gegenüber der Gesamtbevölkerung zeigt, sind viele Instrumente befähigt, mit der Zielgruppe zu kommunizieren. Dennoch müssen diese einen optimalen Markbearbeitungsmix widerspiegeln, was durch den Vier-Schritte-Prozess im CTM am produktivsten aufzustellen ist. „Erfolgreich werden diejenigen Unternehmen sein, denen es gelingt, in einem möglichst frühen Status der Customer Journey mit dem Kunden zu interagieren und über mehrere Kanäle langfristige, persönliche Beziehungen zu ihm aufzubauen. Dabei ist es wichtig, den Kunden auf seinem Präferenzkanälen abzuholen [Sic]."[114]

Aufgrund der theoretischen Niederschrift dieser Bachelorarbeit kann kein Ist-Zustand analysiert werden. Die kundenrelevanten Touchpoints müssen von jedem Unternehmen selbst aufgestellt werden. Die potenziellen Kanäle für kommunikative Maßnahmen am Pre-Purchase der Customer Journey -basierend auf den zuvor ermittelten Touchpoints- lassen sich jedoch mit ihren Eigenschaften auflisten und gegenseitig abwägen.

Das Reichweitenmedium TV weist vergleichsweise sehr hohe Kosten[115] und die Möglichkeit des Zappings auf. Um die Kosten zu reduzieren, können Unternehmen sich auf 20-Sekunden-Spots mit einer hohen Spotanzahl, einer geringen Anzahl an Sendern (der Sender „ProSieben" ist bei der Zielgruppe weitaus am beliebtesten[116]) und der Auslassung von Primetimes konzentrieren. Grundsätzlich ist die hohe Reichweite bei Werbespots im TV wichtiger als die Kontaktanzahl, sodass Erinnerung und Aktivierung erzielt wird. Zu beachten ist jedoch, dass die Gen Z durchschnittlich bloß 1,7 Stunden am Tag Fernsehen schaut, sodass es zu großen Streuverlusten kommt und das Kosten-Nutzenverhältnis unausgeglichen ist.[117] Die „Yahoo-Studie", die auf Basis einer Befragung von zwölf- bis 19-jährigen auf-

---

[113] Vgl. Sellin [2014], o. S.

[114] Sellin [2014], o. S.

[115] Die Kosten einer Werbe-Belegung für einen 30-Sekunden-Spot in einem ProSieben-Blockbuster liegen beispielsweise bei einer Summe ab 25.000 Euro exkl. MwSt. (hierbei handelt es sich lediglich um Schätzungen).

[116] Vgl. Medienpädagogischer Forschungsverband Südwest [2014], o. S.

[117] Vgl. Nielsen [2015], o. S.; Yahoo! Deutschland Services GmbH [2015], o. S.

gestellt wurde, berichtet zudem, dass die Werbewirkung von TV bei der Gen Z verloren geht.[118]

Durch das Schalten von Werbespots im Berührungspunkt Kino gelingt eine multisensorische Ansprache und konzentrierte Aufmerksamkeit, da die Zuschauer keine Nebenbeschäftigung haben. Durch die Impact-Stärke des Kinos reichen bereits geringe Anstöße für Lerneffekte aus. Aufgrund des Touchpoints in der Freizeit können außerdem positive Emotionen und Assoziationen mit dem Produkt oder der Dienstleistung verbunden werden. Jedoch führt auch diese Maßnahme zu hohen Schalt[119]- als auch Produktionskosten mit geringerer Reichweite als TV. Aufgrund der hohen Affinität der Zielgruppe ist dieser Kanal jedoch deutlich relevanter als Werbemaßnahmen im Fernsehen, sodass weitere Möglichkeiten, wie das Schalten von Werbung auf Bechern, der Popcorn-Tüte oder Spiegelaufklebern[120], in Erwägung gezogen werden sollten. Auch Free Cards[121] oder Toilettenplakate[122] im Kino bieten Optionen zur Interaktion mit der Gen Z. Die „Nielsen Studie" stellte heraus, dass für 51% der Generation im Umbruch Produktplatzierungen relevant sind.[123] Aufgrund der geringeren Affinität von TV, wären diese bei Kinofilmen zu bevorzugen.

Die Veranstaltung von Events bereitet ein Erlebnisgefühl, wodurch eine emotionale Basis geschaffen wird. Darauf aufbauend wird eine Beziehung zwischen der Zielgruppe und dem Unternehmen hergestellt.[124] Wie die Erkenntnisse jedoch zeigen, möchte die Gen Z weniger Emotionen aufbauen, sondern mehr fachliche Informationen erhalten. Zwar wäre die Generation im Umbruch aufgrund der Freude an Geselligkeit an Events interessiert, sodass eine grundsätzliche Bindung

---

[118] Vgl. Yahoo! Deutschland Services GmbH [2015], o. S.

[119] Die Schaltkosten eines 20-Sekunden-Spots bei der Ausstrahlung für einen Spielmonat liegen zwischen 210 und 1.050€ exkl. MwSt. pro Kinosaal eines Ortes mit über 300.000 Einwohnern (hierbei handelt es sich lediglich um Schätzungen).

[120] Die Kosten von Spiegel-Beklebungen in 100 Kinos mit ca. 650 Flächen für 14 Tage liegen bei 25.000€ exkl. MwSt. (hierbei handelt es sich lediglich um Schätzungen).

[121] Die Kosten von FreeCards in 160 Kinos mit ca. 520.000 Karten in 14 Tagen liegen bei ca. 40.000€ (hierbei handelt es sich lediglich um Schätzungen).

[122] Die Kosten von Plakaten auf Toiletten in 80 Kinos mit einer Fläche von ca. 2.000 und einer 14 tägigen Laufzeit liegen bei ca. 40.000€ exkl. MwSt. (hierbei handelt es sich lediglich um Schätzungen).

[123] Vgl. Nielsen [2015], o. S.

[124] Vgl. Mangelsdorf [2015], S. 32.

zu dieser Zielgruppe geschaffen werden kann, doch ist dies wegen der geringen Markentreue nicht rentabel.

Aufgrund der in Kapitel 2.2 erlangten Erkenntnis, dass die Gen Z meist dem habituellen Kaufverhalten unterliegt, könnte das Gewohnheitsverhalten durch Werbung am Point-oft-Sale mit Sonderangeboten, Gutscheinen oder Gratisproben gefördert beziehungsweise durchbrochen werden, sodass eine kurzfristige Steigerung des Abverkaufs stattfindet. Zu beachten ist jedoch, dass der Preis keinen entscheidenden Einfluss bei der Generation im Umbruch hat, also das Kosten-Nutzenverhältnis unausgewogen ist.

Zeitungen[125] und Zeitschriften[126] fokussieren dagegen die gefragten informativen Aspekte. Während Zeitschriften eine hohe Zielgruppengenauigkeit und eine aktive sowie konzentrierte Nutzung aufweisen, übermitteln insbesondere Zeitungen die Botschaften zeitpunktgenau mit einer hohen Reichweite und sind ein idealer Kanal für rationale Botschaften. Sie wirken seriös, sodass 68% der Gen Z Artikeln in diesen vertrauen. [127] Trotz der Glaubwürdigkeit, die sich durch das Image von Zeitungen und Zeitschriften auf Werbeanzeigen überträgt, ist das Medium für diese Zielgruppe ungeeignet, da das Lesen dieser nicht zum gewöhnlichen Freizeitverhalten der Gen Z gehört. Junge Menschen lesen dagegen vermehrt online Artikel. Um dort Werbung zu schalten, wird jedoch die Nutzung von Bannern beispielsweise benötigt, was die Zielgruppe enorm ablehnt.[128]

Außenwerbemaßnahmen, wie zum Beispiel Großflächenplakate[129], dagegen bieten eine relevante Möglichkeit zum Ausgleich zwischen Informationsdichte und Affinität und können Aufsehen erregen. Da diese Form von Kommunikation einen flüchtigen und zufälligen Kontakt herstellt, sollten die Botschaften prägnant und extravagant dargestellt werden. Die Zielgruppe fährt meist mit Bussen, Bahnen

---

[125] Die Kosten einer Tageszeitung, z.B. „Süddeutsche Zeitung", liegen bei 27.000€ exkl. MwSt. für ¼ Seite Eckfeld (hierbei handelt es sich lediglich um Schätzungen).

[126] Die Kosten einer Publikumszeitschrift, z.B. „BRAVO", liegen bei 43.000€ exkl. MwSt. für eine ganze Seite (hierbei handelt es sich lediglich um Schätzungen).

[127] Vgl. Nielsen [2015], o. S.

[128] Vgl. Deep Focus' Cassandra Report [2015], o. S.; Nielsen [2015], o. S.

[129] Die Kosten von Großflächenplakaten um weiterführenden Schulen (mit 3.500 Flächen um Schulen und 10,5 Tagen Laufzeit) liegen bei etwa 550.000€ exkl. MwSt. (hierbei handelt es sich lediglich um Schätzungen).

oder geht zu Fuß zur Schule, zu Universitäten oder Sportplätzen[130], sodass es es sich hierbei um einen Kanal handelt, der Berührungspunkte bietet. Aufgrund der Möglichkeit zur regionalen Aussteuerung, können Maßnahmen für diesen Kanal ortsgenau und mit wenig Streuverlusten geplant werden, was zu einer hohen Reichweite und hoher Kontakthäufigkeit innerhalb des Verbreitungsgebietes führt. Dazu können, neben der Verwendung von Fensteraufklebern[131] zum Beispiel SwingCards[132] in Bussen genutzt werden. Durch die Verwendung von Ambient-Medien wird die Botschaft in das Ambiente der Gen Z eingefügt. Die Zielgruppe wird kompetent erreicht wird und die Kontaktqualität steigt. Free Cards können nen dazu in Diskotheken oder Bars ausgelegt werden, was ebenfalls einen Touchpoint darstellt. Trotz der Kostenintensivität bieten die Out-Of-Home Kanäle ein ausgeglichenes Kosten-Nutzenverhältnis.

Das Smartphone als täglicher Begleiter bietet ausreichend Kanäle, um Kommunikationsmaßnahmen einzusetzen. Mobile-Marketing kennzeichnet sich durch die Lokalisierbarkeit, die die Bestimmung des Aufenthaltsortes zulässt. Zudem bietet diese Form von Marketing Ubiquität (wodurch unabhängig von Ort und Gerät kommuniziert werden kann) sowie eine stetige Erreichbarkeit. Personalisierte und kostengünstige Maßnahmen lassen sich außerdem durchführen, sodass alle relevanten Faktoren zur Einfügung der im vorherigen Kapitel genannten Inhalte möglich sind. Werbebotschaften können in alltagsgebundene Applikationen geschaltet werden. Dennoch sollte beachtet werden, dass die Gen Z digitale Medien zwar kostenfrei nutzen möchten, grundsätzlich aber Werbung darin nicht erwünscht ist.[133]

Wie in vorherigen Kapiteln angedeutet, gehört jedoch Empfehlungsmarketing von der Gen Z bekannten Personen zu erfolgsversprechenden Maßnahmen. 83% der Zielgruppe vertraut darauf.[134] Diese Art von Marketing kann insbesondere in Ap-

---

[130] Vgl. Stommel [2015a], S. 66-67; Stommel [2015b], S. 62-63; Stommel [2015c], S. 64-66; Stommel [2015d], S. S. 63-64.

[131] Die Kosten von Seitenscheibenplakaten bei einer Anzahl von 10.000 in einer Stadt mit min. 200.000 Einwohnern liegen bei ca. 250.000€ exkl. MwSt. (hierbei handelt es sich lediglich um Schätzungen).

[132] 185.000 SwingCards in öffentlichen Verkehrsmitteln einer Einwohnerstadt von min. 200.000 Personen kosten ca. 265.000€ exkl. MwSt. (hierbei handelt es sich lediglich um Schätzungen).

[133] Vgl. Nielsen [2015], o. S.

[134] Vgl. Nielsen [2015], o. S.

plikatoren von sozialen Netzwerken zielführend angewendet werden, da es sich hierbei um eine persönliche und vertrauensschaffende Ebene handelt. Außerdem wird Social Media von der Gen Z bevorzugt, um mit Marken in Kontakt zu treten.[135] Da die Generation im Umbruch jedoch meist kurzweiliges Interesse an einem Netzwerk entwickelt, müssen die Kanäle stets auf Zielgruppenrelevanz geprüft werden.[136]

Bei der in Deutschland reichweitenstärksten Plattform „Facebook" steht der soziale Charakter im Vordergrund, wodurch eine hohe Anzahl an User Generated Content[137] entsteht. Die Community bietet Funktionen wie Foto- und Video-Uploads, das Posten von Neuigkeiten, die Erstellung von Gruppen und Events sowie einen Chat an. Durch den modularen Aufbau wird die Verknüpfung der Applikatoren von Fremdanbietern mit Facebook ermöglicht, sodass diese direkt von der Plattform aus genutzt oder Daten ausgetauscht werden können. „Facebook Pages" bietet Organisationen die Möglichkeit der Erstellung einer eigenen Seite, um direkt mit Benutzern zu kommunizieren und auch eigene Applikationen anzubieten. Zudem kann in Facebook zielgruppenspezifische Werbung geschaltet werden, die je nach Surfverhalten gesteuert wird. Maßgeblich sind hierbei die Interessen, die beispielsweise durch „Likes" und Verweildauer einiger Beiträge ermittelt werden. Diese dann angezeigten Banner[138] werden jedoch von vielen Usern größtenteils ignoriert oder abgelehnt, da sie als lästig empfunden werden. Insbesondere die Gen Z empfindet eine derart auffällige, datenintime Werbung als störend und unangebracht. Sie nimmt die Startseite der Neuigkeiten als Werbefläche des Algorithmus wahr. Da Facebook in 70 Sprachen existiert, bietet es die Möglichkeit international zu kommunizieren. Die Gen Z hegt allerdings insbesondere gegenüber dieser Plattform ein herausragendes Misstrauen aufgrund der Datenweitergabe. Lediglich 13% der Zielgruppe traut diesem sozialen Netzwerk, sodass nur jeder Vierte von ihnen dort aktiv ist. Ein zusätzlicher Grund ist die Facebook-Nutzung der Eltern und anderen Verwandten. Die Jugendlichen möchten keine generati-

---

[135] Vgl. Deep Focus' Cassandra Report [2015], o. S.

[136] Vgl. Sellin [2014], o. S.

[137] Inhalte, die durch die Nutzer selbst generiert werden.

[138] Bei einem Budget von 35.000€ und einer Laufzeit von zwei Monaten, können ca. 55.000 Klicks erwartet werden (hierbei handelt es sich lediglich um Schätzungen).

onsübergreifende Nutzung von Social Media, sondern achten auf den Verzicht von verfänglichen Botschaften.[139]

Die von Google entwickelte Plattform „Google+" ist ähnlich wie Facebook aufgebaut und wird demnach als direkter Konkurrent angesehen. Wichtig ist jedoch auch die Verknüpfung verschiedener Produkte wie YouTube, „Google Maps" und „Gmail", die Google ebenfalls anbietet, womit sich dieses Netzwerk ein Alleinstellungsmerkmal bilden möchte. Dadurch hat Google mehr Informationen über seine Anwender, sodass passende Werbemaßnahmen geschaltet werden können. Aktuell erfasst das Netzwerk Google+ eine hohe Anzahl an Registrationen, jedoch sind nur wenige Angehörige der Gen Z regelmäßig aktiv.[140]

Die 2005 entwickelte und heute erfolgreichste Videoplattform YouTube ermöglicht nicht registrierten Benutzern das Ansehen, Kommentieren und Bewerten sowie registrierten Nutzern das Einstellen von Videos. Dadurch kann eine eigene Seite, die als „Channel" bezeichnet wird, gestaltet werden. Dies gewährleistet Unternehmen die kostenlose und individuelle Erstellung und Gestaltung eines Video-Überblickes, den die User abonnieren und per Link weiterleiten können. Aufgrund der beidseitigen Möglichkeiten zum Handeln, entsteht eine große Interaktion zwischen Unternehmen und Nutzer. Durch den audiovisuellen Auftritt können Emotionen leichter vermittelt werden. Aufgrund dessen interagieren Meinungsbildner am meisten über YouTube mit ihren Fans bzw. werden über diese Plattform bekannt. Fast die gesamte Gen Z nutzt YouTube regelmäßig.[141]

Eine noch sehr neue Musik-Video-Gemeinschaft, die momentan für Aufsehen sorgt, ist die Applikation „Musical.ly". Durch diese kann der Nutzer einen Klang oder einen O-Ton auswählen und diesen mit den Lippen synchronisieren. Durch die Auswahl von Tracks oder eigener Musik können selbst erstellte Videos mit Musik unterlegt werden. Zusätzlich stehen Filter und Effekte zur Verfügung. Die erstellten Videos können anschließend auf diversen sozialen Netzwerken geteilt oder in der musical.ly Gemeinschaft bereitgestellt werden.

Ein Blog, ebenfalls eine populäre Web 2.0-Anwendung, zeichnet sich durch den tagebuch- oder journalähnlichen Charakter aus und stellt User Generated Content

---

[139] Vgl. Sellin [2014], o. S.; Albert/Hurrelmann/Quenzel/TNS Infratest Sozialforschung [2015], S. 19.

[140] Vgl. Kühl [2015], o. S.

[141] Vgl. Deep Focus' Cassandra Report [2015], o. S.

sowie die Kommunikation in den Vordergrund. Die Beiträge einer Person (z.B. Meinungsbildner) oder einer Organisation, die über kostenlose Dienste einen Blog führt, werden chronologisch sortiert und können vom Leser separat kommentiert werden, sodass diese Interaktion ein gemeinschaftliches Produkt schafft. Inhalte dieser Beiträge können Neuigkeiten, Anekdoten, Informationen, Analysen, Erfahrungen, Interviews, Erlebniserzählungen etc. sein. Dies variiert frei nach Ersteller und Thematik bzw. Typus des Blogs. Derzeit existieren überwiegend Fotoblogs, Blawgs[142], Watchblogs[143], Litbligs[144] und Corporate Blogs[145]. Tendenziell handelt es sich bei den Erstellern um bis zu 30-jährige Personen mit gehobener Bildung.

Instagram platziert sich als eine Mischform aus Microblogging[146] und einer audiovisuellen Plattform. Im Vordergrund steht das Teilen von Fotos und Videos, sodass Informationen insbesondere bildlich dargestellt werden. Zusätzlich können diese mit kurzen Bildunterschriften, Emoticons und Hashtags[147] verknüpft werden. Für Unternehmen ist der Einsatz dieser Hashtags besonders relevant, da es ihnen dadurch gelingen kann, ein neues Produkt auf dem Markt zu lancieren und etablieren. Eine Funktion bietet die Möglichkeit, die Bilder und Videos zunächst mit Effekten zu bearbeiten und darauffolgend sie zusätzlich zu Instagram auch in Facebook hochzuladen. Zudem spezialisiert sich Instagram deutlich auf mobile Endgeräte, da die Plattform fast ausschließlich über optimal angepasste Apps verwendet wird. Dadurch verringert sich der Zeitaufwand des Postens. Wie in anderen sozialen Netzwerken, können die Beiträge kommentiert, re-postet[148] und favorisiert werden. Auch ist das Schalten von Werbung möglich. Dazu werden Beiträge erstellt, die den gleichen Aufbau haben, wie die von privaten Nutzern. Zielgruppenrelevante Werbemaßnahmen werden zwischen den Beiträgen von Usern, denen man folgt, auf der Startseite angezeigt.

---

142 Blogs, die juristische Themen fokussieren.

143 Kritik zu Firmen und Medien.

144 Blogs zur Literatur.

145 Firmenblogs.

146 Das Fokussieren von kurzen, prägnanten Beiträgen.

147 Ein Hashtag besteht aus dem Schriftzeichen „#" und einem beliebigen Wort. Die Begriffe sind nach dem Hashtag verlinkt, sodass alle Bilder und Videos dazu unter dem Link aufgelistet werden, was eine gezielte Suche nach thematischen Schlagworten ermöglicht.

148 Die Veröffentlichung fremder Bilder oder Videos auf dem eigenen Profil.

Die Social Media Plattform Snapchat ermöglicht es den Nutzern, Schnappschüsse und Kurzvideos mit Freunden zu teilen. Das Alleinstellungsmerkmal dieses Netzwerkes ist, dass die sogenannten Snaps (Videos und Fotos) maximal zehn Sekunden angezeigt werden bis sie sich eigenständig löschen. Machen Nutzer davon Screenshots, wird dies dem User, der den Snap gesendet hat, angezeigt. Durch das Teilen der Botschaften via „meine Geschichte", können alle User, die dieser Person folgen, 24 Stunden lang den Snap aufrufen. 71% der Nutzer ist unter 25 Jahre alt und fast jeder Dritte weiblich. Aktuell wächst die -ebenfalls auf mobile Endgeräte fokussierte- Plattform stetig. Insbesondere Unternehmen und Blogger nutzen Snapchat regelmäßig, um mit ihrer Zielgruppe zu kommunizieren und potenziellen Kunden einen Einblick zu gewähren.

„Skype" ist eine Plattform, über die Sofortnachrichten sowie Sprach- und Videoaufnahmen versendet werden können. Im Gegensatz zu vielen anderen Netzwerken, ermöglicht dieser Kanal die Live-Kommunikation zweier oder mehrerer Personen. Innerhalb des Programms und der App kann Audio-Werbung in Form von Bannern geschaltet werden.

Informationen über weitere soziale Netzwerke sowie eine Übersicht der für die Gen Z relevantesten Social-Media-Kanäle können im Anhang V bzw. VI gefunden werden. Die Nutzung der sozialen Netzwerke beginnt laut der „Bitkom Studie" mit zehn bis elf Jahren.[149] Werbemaßnahmen, die sich an jüngere Kinder adressieren, finden demnach keine Touchpoints in Social-Media-Kanälen. Eine Studie, die sich durch Befragungen von Jungen und Mädchen zwischen sechs und 18 Jahren aus Deutschland fokussiert hat, hat herausgefunden, dass WhatsApp[150] das beliebteste soziale Netzwerk dieser Zielgruppe mit einer Nutzungsrate von 72% ist. Facebook ist trotz der Abgänge und dem passiven Verhalten mit 56% Nutzungsrate immer noch die zweit relevanteste Plattform. Darauf folgen Skype mit 46% und Google+ mit 19%.[151] Snapchat und Instagram werden derzeit ebenfalls immer beliebter[152] und YouTube bleibt eine bei der Zielgruppe populäre Plattform.

Basierend auf den Fähigkeiten für die Schaltung von Kommunikationsmaßnahmen sowie den Ergebnissen der angehängten Interviews, sind Facebook, Snap-

---

[149] Vgl. Bitkom [2015], o. S.
[150] Eine App die hauptsächlich zur Verwendung von Chats benutzt wird.
[151] Vgl. Bitkom [2015], o. S.
[152] Vgl. Sellin [2014], o. S.

chat, Instagram[153] und YouTube am relevantesten und bilden die einflussreichsten Touchpoints der Gen Z durch Social-Media-Kanäle. Auf diesen Plattformen sollen Empfehlungen der Meinungsbildner auf ein Produkt aufmerksam machen und die Vorteile sowie den Nutzen davon aufzeigen. Durch die Rolle als Vorbild suggeriert der Meinungsbildner die Notwendigkeit des Kaufs dieses Produktes, wodurch die Angehörigen der Gen Z zu einer direkten Handlung aufgerufen werden. Diese Werbemaßnahme ist sowohl in der Produktion, als auch in der Distribution kostengünstig. Neben dem Empfehlungsmarketing sollte das Unternehmen eine eigene Seite auf der jeweiligen Plattform erstellen, sodass die Meinungsbildner auf diese verlinken können, damit die Nutzer weitere Informationen über Produkt, Dienstleistung, Neuigkeiten, aktuelle Angebote und/oder Einblicke in das Unternehmen erhalten.

Weitere online Werbemaßnahmen sind beispielsweise E-Mail-Marketing (aufgrund des Touchpoints der E-Mails), Bannerwerbung, die eigene Webseite oder Search-Engine-Advertising[154] (mit Google als Berührungspunkt). Aufgrund des Misstrauens und des Abwehrverhaltens ist jedoch nur die Erstellung einer eigenen Webseite für die Gen Z relevant. „Dazu gehört Responsive Design von Webseiten ebenso wie unkomplizierte, unmittelbare, direkte Kommunikation, zum Beispiel über Live-Chats(...).“[155]Die Webseite sollte stets optimiert und mit den wichtigsten Informationen gestaltet werden, damit dem potenziellen Kunden stetige Innovationen dargestellt werden. Die Kosten dafür sind je nach Professionalität variabel, sodass jedes Budget diese Maßnahme zulässt. Die Zielgruppe Gen Z unterdrückt E-Mail-Marketing, überspringt Suchmaschinen-Anzeigen und lehnt Bannerwerbung ab. 72% vertrauen dagegen zumindest in Maßen Webseiten. Die Spielaffinität führt zu gebrandeten Spielen als Werbekanal. Jedoch lehnt die Zielgruppe diese fast ausschließlich ab oder missachtet sie.[156]

Aus den Erkenntnissen resultierend enthält der optimale Marktbearbeitungsmix Online-Kanäle, die insbesondere aus sozialen Netzwerken (Facebook, Snapchat,

---

153 Vgl. Stommel [2015a], S. 66-67; Stommel [2015c], S. S. 64-66.

154 Bezahlte Anzeigen, die in Suchmaschinen ganz oben oder an der Seite angezeigt werden. Der Werbungstreibende zahlt nur für den interessierten Nutzer pro Klick. Bei einem Budget von 10.000€ mit einer Laufzeit von sechs Monaten können ca. 10.300 Klicks erwartet werden (hierbei handelt es sich lediglich um Schätzungen).

155 Mangelsdorf [2015], S. 31.

156 Vgl. Deep Focus' Cassandra Report [2015], o. S.; Nielsen [2015], o. S.

Instagram und YouTube) und der eigenen Webseite bestehen. Dazu sollten Offline-Kanäle im Kino sowie Out-Of-Home Maßnahmen vernetzt werden. Diese sprechen weitere Personen der Gen Z an, Informationen werden vertieft und Mehrfachkontakt erzeugt. Durch eine aufmerksamkeitsstarke und forsche Ansprache können die Maßnahmen die Generation im Umbruch für einige Sekunden vom Alltagsgedanken wegleiten, sodass sich das Produkt oder die Dienstleistung und die Botschaft positiv im Gedächtnis verankert. Der Duktus aller Maßnahmen in den diversen Kanälen sollte zur optimalen Verankerungen stets gleichermaßen stattfinden. Dementsprechend sollte jeder der genannten priorisierten Kanäle mit auffälligen, informativen (nützliche Fakten sowie je nach Instrument Hilfe, Wissen oder Unterhaltung) und persönlichen Werbebotschaften gefüllt werden, um die optimale Wirkungsweise zu erzielen.

Diese strategischen Handlungsempfehlungen zeigen den Unternehmen auf, welche Kanäle sowie theoretischen Inhalte relevant sind. Nun muss jeder Betrieb individuell den dritten Schritt des CTM bewältigen: die konkrete Planung der erforderlichen Maßnahmen zur Herstellung der Soll-Situation mithilfe der Mitarbeiter. Zuletzt erfolgt das Monitoring, das gleichzeitig die folgenden Handlungen beeinflusst.

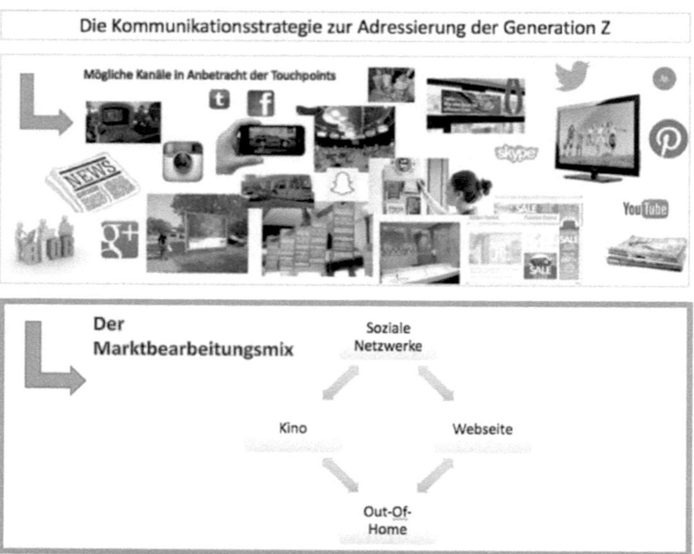

Abbildung 5: Die Kommunikationsstrategie zur Adressierung der Generation Z (Quelle: Eigene Darstellung)

5 Strategische Handlungsempfehlungen für Rekrutierungsstrategien

Deutschland braucht gut ausgebildete Fachkräfte für den wirtschaftlichen sowie sozialen Fortschritt. Doch auch für jedes Unternehmen selbst sind diese existenziell, da sie zur Erreichung der definierten Unternehmensziele beitragen und, wie in Kapitel 3.1 ermittelt, festgelegte strategische und operative Maßnahmen umsetzen. Ein Touchpoint mit den Mitarbeitern kann zur Markentreue, aber genauso zu einem Abbruch der Geschäftsbeziehung führen. Zudem nimmt der Wettbewerbsdruck im Zeitalter des Trends zur Globalisierung stetig zu. Hinzu kommen die wachsenden Anforderungen der Stakeholder in den Bereichen Technik, Gesellschaft und Politik.[157] Damit Unternehmen ein entscheidendes Differenzierungsmerkmal zu den Konkurrenten haben, müssen sie sich insbesondere auf den Produktionsfaktor Arbeit fokussieren. Die Mitarbeiter sind die Träger eines jeden Betriebes, sodass die Kompetenzen und das Wissen dieser zur Sicherung des Absatzmarktes führen. Hervorragendes Fachpersonal ist somit einer der wichtigsten Faktoren zur Existenzsicherung.[158]

Diesem Umstand steht der demografische Wandel entgegen, da davon ausgegangen wird, dass die Anzahl der Erwerbspersonen bis 2030 allein in Deutschland um 2,0 Millionen Personen sinkt.[159] Ob und inwieweit sich diese Prognose durch die aktuelle Flüchtlingszuwanderung ändern wird, bleibt abzuwarten. „Der Kampf um die besten Nachwuchskräfte"[160] stellt aber sicherlich auch weiterhin eine große Herausforderung dar. Herrschte zuvor oftmals ein Überangebot an potenziellen Mitarbeitern, sehen Unternehmen nun sogar Einbußen in ihrem Jahresumsatz von mehr als fünf Prozent. Diese Veränderung des Arbeitsmarktes würde zu einem wirtschaftlichen Schaden in Milliardenhöhe führen.[161]

Neben dem abzeichnenden Nachwuchs- und Fachkräftemangel findet eine stetig steigende und meist überraschende Veränderung der Anforderungen an den Arbeitgeber statt, was die Gen Z deutlich aufweist. Diese hat -aufgrund der Internationalisierung- länderübergreifende Möglichkeiten, einen für sie zufrieden stel-

---

157 Vgl. Permant [2009], S. 36.
158 Vgl. DIHK-Unternehmensbefragung [2013], S. 24 ff.; Magerl/Reuter/Wittmann [2007], S. 11.
159 Vgl. Bundesministerium für Arbeit und Soziales [2014], S. 15.
160 Schuster [2015], o. S.
161 Vgl. Mangelsdorf [2015], S. 11; DIHK-Unternehmensbefragung [2013], S. 6 ff.

lenden Arbeitsplatz zu finden. Dadurch können sie hohe Anforderungen stellen und müssen als die neuen Mentoren wahrgenommen werden. Das Verhältnis zwischen Studenten und Auszubildenden wird zunehmend unausgeglichener, da sich die Jugendlichen vermehrt für den theoretisch-orientierten Weg entscheiden. Laut der „Jugendstudie des Sinus-Instituts" für die Industrie- und Handelskammern in Baden-Württemberg, plant lediglich ein Viertel der Schüler eine Ausbildung zu beginnen. Dadurch sinkt die Anzahl der Bewerbungen auf Ausbildungsplätze während die Anzahl der Bewerber mit unzureichenden Voraussetzungen oder falschen Vorstellungen steigt. Auch die Abbrüche der Ausbildungsverhältnisse haben sich vermehrt.[162]

Je nach Branche und insbesondere für kleine und mittelständige Unternehmen ist es erforderlich, auf die Diskrepanz und Verknappung der relevanten Fachkräfte zu reagieren und Maßnahmen zur Vorbeugung dieses Mangels zu ergreifen. Das Unternehmen muss sich, basierend auf den Erwartungen der Gen Z, anpassen und stärker als in der Vergangenheit als attraktiver Arbeitgeber darstellen. Es muss auf sich aufmerksam machen und sich von den Wettbewerbern abheben. Das Unternehmen muss sich sozusagen von außen nach innen aufbauen.[163]

Die Konzipierung der Rekrutierungsstrategie verlangt demnach zunächst die Situationsanalyse und die Zielformulierung. Diese sind unternehmensspezifisch durchzuführen und zu definieren, um zur Steuerung und Orientierung sowie der späteren Erfolgskontrolle zu dienen. Daraufhin wird die Zielgruppe festgelegt, die in diesem Fall die Gen Z ist. Die Erkenntnisse der vorherigen Kapitel dienen als Basis der folgenden Entscheidungen zum Aufbau der Strategie. Diese Konzeptplanung beinhaltet eine zielgruppenadäquate Ansprache sowie richtige, synergetisch ergänzende Maßnahmen, die in für die Zielgruppe ausgewählte Kanäle geschaltet werden. Zudem werden eigenen Botschaften und Erfolgsfaktoren verdeutlicht, um zu Alleinstellungsmerkmalen im Wettbewerb zu führen. Die Festlegung der Rekrutierungsstrategie findet unter Berücksichtigung der Kalkulation des Kommunikationsbudgets statt. Zuletzt wird der Erfolg kontrolliert, indem die Unternehmen untersuchen, inwieweit die zuvor definierten Ziele oder Kennzeichen erreicht wurden und das finanzielle sowie zeitliche Budget eingehalten wurde

---

[162] Vgl. Albert/Hurrelmann/Quenzel/TNS Infratest Sozialforschung [2015], S. 317; Perwiss [o. J.], o. S.; Mangelsdorf [2015], S. 11

[163] Vgl. Schüller [2012], S. 44; Perwiss [o. J.], o. S.

(bspw. Benchmarking). Die Analyse von guten Effekten und Verbesserungspotenzialen für folgende Strategien folgt. Der idealtypische und interaktiv ausgerichtete Planungsprozess erfolgt als Kreislauf mit kontinuierlicher Überprüfung und Rückwirkung (Management-Zyklus). Sämtliche Entscheidungen sind im Einklang mit dem Marketingmix des Unternehmens durchzuführen.

Kann eine solche Rekrutierungsstrategie erfolgreich umgesetzt werden, steigt die Qualität der Interaktion zwischen den potenziellen Arbeitnehmern und dem Unternehmen. Bewerber werden frühzeitig auf das Unternehmen aufmerksam werden und die Anzahl dieser nimmt zu. Dadurch können die Unternehmen die besten Arbeitnehmer auswählen, was eine langfristige Entwicklung und Bindung sicherstellt. Zudem verringert sich der Aufwand und dementsprechend die Kosten, da keine weiteren Maßnahmen ergriffen werden müssen, um für das Unternehmen relevante Fachkräfte anzusprechen. Die Botschaft und die Darlegung der Erfolgsfaktoren sollten stets wahrheitsgemäß informieren. Die Interessenten müssen einen realistischen Einblick in die potenzielle zukünftige Stelle erhalten, wodurch sich die Abbrüche späterer Arbeitsverhältnisse verringern. Eine für die Zielgruppe passende Strategie umzusetzen zeugt von Kompetenz, wodurch die Steigerung des Unternehmensimages erzeugt wird.[164]

5.1 Die Spannungsfelder

Die Spannungsfelder der Gen Z bestehen aus drei Teilbereichen. Jedes dieser Felder zielt auf die eigenen Erwartungen ab. Es gilt in der Rekrutierungsstrategie alle drei Bereiche zu berücksichtigen und besonders auf die Schnittstellen dieser zu fokussieren.

Zunächst sind es die Influenzer, die die Unternehmen in ihrer Strategie beachten sollten. Diese stellen einerseits die Eltern dar, andererseits die Peergroup. Die Influenzer erwarten bei der Berufswahl einen sicheren Job und gute Perspektiven für das Kind beziehungsweise den Freund. Für sie spielen außerdem das Image des Unternehmens und die Vergütung eine Rolle.[165]

Gleichzeitig erwartet der Betrieb selbst als zweites Feld gewisse Voraussetzungen von Bewerbern und zukünftigen Mitarbeitern. Neben diversen Hard und Soft Ski-

---

[164] Vgl. Perwiss [o. J.], o. S.
[165] Vgl. U-form Testsysteme [2015], o. S.

lls, möchte jedes Unternehmen einen motivierten und leistungsfähigen Mitarbeiter rekrutieren. Außerdem steht die Teambalance im Vordergrund, um das Betriebsklima und die effiziente Teamarbeit nicht zu gefährden. Dementsprechend sucht das Unternehmen einen Bewerber, der sowohl von der Leistung, als auch von der Persönlichkeit, in das Unternehmen passt.

Das dritte Feld des Spannungszirkels füllen die Personen der Gen Z. Sie haben Ansprüche, von denen sie auch die Erfüllung erwarten. Neben den generationsspezifischen neuen Gegebenheiten, wie starre Arbeitszeiten, die Ausrichtung auf positive Kritik, Spaß und Sicherheit, präferiert die Generation im Aufbruch Unternehmen, das nachhaltige Wirtschaften oder die soziale Unterstützung durch die Arbeit.

Die Schnittstelle der Erwartungen aller Spannungsfelder besteht aus der Qualität des Jobs, dem Spaß daran sowie der erworbenen Sicherheit. Diese drei Komponenten sollten in der Botschaft der Rekrutierungsstrategie mit Anpassung an die jeweilige Positionierung[166] der Unternehmen berücksichtigt werden.

5.2 Drei Phasen des Kommunizierens

Die Ansprache der Zielgruppe kann in drei Phasen unterteilt werden, was als theoretisches Gerüst zum Aufbau der Rekrutierungsstrategie dient. Zunächst sollte die Aufmerksamkeit auf die Rekrutierungsmaßnahmen innerhalb der Freizeitbereiche der Gen Z geschaffen werden. Die Ansprache dafür muss aufmerksamkeitsstark und in der Sprache der Zielgruppe erfolgen, sodass sie sich von anderen Botschaften abhebt und das Interesse der Gen Z weckt. Um dieses bewusste Auseinandersetzen mit der Maßnahme zu stützen, muss daraufhin die Möglichkeit bestehen, gezielte Informationen zu erlangen, was die zweite Phase darstellt. Auch die Beeinflusser durch soziale Beziehungen sollten in diesem Abschnitt nicht außer Acht gelassen werden, sodass insbesondere auch die Eltern (neben den Maßnahmen für die Gen Z) informativ und aufklärend durch weitere Kanäle angesprochen werden. Diese beiden beschriebenen Phasen müssen permanent vom Unternehmen durchgeführt werden, damit in der Bewerbungsphase, in der konkrete Stellen ausgeschrieben werden, der Kontakt und das Vertrauen mit der

---

[166] Die Positionierung ist die gezielte und planmäßige Darstellung der Relevanz für den Kunden sowie die Differenzierung zum Wettbewerb.

Zielgruppe bereits besteht. Die Informationen werden spezifischer bereitgestellt und die Ansprache erfolgt fokussiert und vertrauenswürdig.

5.3 Kanäle und Inhalte

Jedes Unternehmen muss zunächst sein individuelles Ziel definieren. Diese Bachelorarbeit setzt die Rekrutierung geeigneter Bewerber der Zielgruppe Z als allgemeines Ziel voraus. Die Arbeitgebermarke ist für die Zielerreichung entscheidend, da das Interesse der Gen Z auf dem Erscheinungsbild, dem Wiedererkennungseffekt sowie der emotionalen Ansprache der Zielgruppe basiert. Die momentan fünf- bis 20-jährigen legen großen Wert auf inhaltliche und immaterielle Aspekte von Betrieben. Eine starke und positiv bewertete Arbeitgebermarke führt dazu, dass die Gen Z sich dem Unternehmen hingezogen fühlt. Dieses Employer Branding[167] kann durch die Beachtung der drei Phasen des Kommunizierens, der richtigen Auswahl der Botschaft und der Maßnahmen sowie der Darstellung von individuell definierten Erfolgsfaktoren erzielt werden. Zudem schaffen multimediale, zielgruppenspezifische Kanäle mit authentischen, aber auch informativen Inhalten eine emotionale Bindung.

Resultierend aus der Zielgruppenanalyse muss die Botschaft, neben den drei Schnittstellen Spaß, Sicherheit und Qualität auch weitere Aspekte berücksichtigen. Zunächst sollte sie ehrlich sein, da die Gen Z offene und direkte Kommunikation präferiert. Dennoch darf diese nicht abschrecken. Die Herausforderung ist die Kommunikation in der Sprache der Jugendlichen ohne die Authentizität zu verlieren. Gleichzeitig muss die Botschaft der Rekrutierungsstrategie begeistern, zum Beispiel durch das Aufzeigen der beruflichen Perspektiven, die für die Zielgruppe sowie den Influenzern bedeutungsvoll sind. Zuletzt sollten die Botschaft Werte vermittelt werden. Diese Anforderungen beziehen sich auf die gesamte Content-Strategie.

Zuerst wird auf die erste Phase der Rekrutierungsstrategie fokussiert, indem Kanäle der Berührungspunkte innerhalb der Freizeit ausgewählt werden. Um auch diese durch das CTM zu verwalten, sollten die meist priorisierten Touchpoints aufgedeckt werden. Basis dieser Auswahl sind die Erkenntnisse des Kapitel 3.3.2. Dementsprechend werden Jugendliche der Gen Z über soziale Netzwerke, durch

---

[167] Arbeitgebermarke.

die Zusammenarbeit zwischen Unternehmen und externen Einrichtungen sowie Out-Of-Home Kanäle auf einen Betrieb aufmerksam.

Aufgrund der hohen Affinität und der großen Reichweite sind soziale Netzwerke auch für die Rekrutierungsstrategie produktive Kanäle, um die ersten Maßnahmen zur Aufmerksamkeitserregung zu schalten. Wichtig ist der Link jeglicher Maßnahmen innerhalb der Netzwerke auf die eigene erstellte Karriereseite dieses Mediums. Die Pflege von Unternehmensseiten in sozialen Netzwerken bedarf Kontinuität sowie Ressourcen wie Zeit und Mitarbeiter. Sie kann sowohl intern, als auch durch Agenturen stattfinden, sodass Social Media für jedes Budget möglich ist.

Insbesondere Instagram bietet sich dazu aufgrund der bildlichen Informationen mit knappen Unterschriften (innerhalb des gewohnten Umfeldes ohne den Eindruck von Werbung) an. Durch die Verwendung eines aufmerksamkeitsstarken Bildes sowie einer forschen Botschaft, die die Qualität, den Spaß sowie die Sicherheit der Beschäftigung im eigenen Unternehmen deutlich macht, wird der Heranwachsende die Maßnahme bewusst wahrnehmen. Verknüpft mit der aktuellen Situation der Berufsfindung wird der/die Angesprochene weitere Informationen heranziehen wollen. Die Schaltung von Maßnahmen in Instagram wird via Cost-By-Clicks berechnet, sodass sich diese auf das Budget abstimmen lassen. Ein ausgewogenes Kosten-Nutzenverhältnis ist aufgrund der zielgruppengenauen Ausstreuung geschaffen.

Durch die Zusammenarbeit mit Vereinen oder Freizeiteinrichtungen wird, neben der Steigerung des Bekanntheitsgrades des Betriebs aufgrund Imagetransfers, die Assoziation von Spaß mit dem Unternehmen verbunden. Dies bewirkt, dass auch die Anstellung in diesem als positiv wahrgenommen wird. Da der Faktor Spaß eines der drei Schnittstellen der drei Spannungsfelder ist, müssen die beiden Faktoren Qualität und Sicherheit durch die Ansprache und Botschaft wiedergegeben werden. Aufgrund der privaten und freizeitlichen Sphäre können (je nach Budget) Bandenwerbung sowie Anzeigen in Hallenheften geschaltet werden. Zur Reduzierung der typischen Darstellung von Werbemaßnahmen sollte ein auffälliges Bild, das sowohl bunt, als auch komplex dargestellt werden kann (da die Gen Z ein besonderes Multitasking-Vermögen hat) mit einer aufmerksamkeitsstarken Bildunterschrift verwendet werden. Beim Sponsoring von Trikots mit Werbeaufdruck muss insbesondere der Slogan überzeugen. Ein Vorteil der Zusammenarbeit mit Vereinen ist der gleichzeitige Kontakt mit den Eltern, da diese ebenfalls bei Veranstaltungen vor Ort sind. Dennoch sollte die Botschaft an die Heranwachsenden angepasst werden, da die Influenzer insbesondere erst in der zweiten Phase hinzugezogen werden. Neben der Erzeugung der richtigen Botschaft muss auch eine homogene thematische und langfristige Verbindungslinie zwischen dem Unternehmen (Sponsor) und dem Gesponserten vorliegen, um die gewollten Resultate zu erzielen.

Aufgrund des Besuches von Fitnessstudios ab einem Alter von etwa 16 Jahren können an diesem Touchpoints insbesondere die älteren Personen den Gen Z angesprochen werden, was die Rekrutierungsstrategie abzielt. Zusätzlich werden auch hier Spaß und Hobby mit dem Betrieb durch Maßnahmen assoziiert, sodass Spind-Plakate die gewünschte Aufmerksamkeit schaffen können.

Im Hinblick auf den Tagesablauf sowie den Schulweg sollten, neben der Zusammenarbeit mit externen Einrichtungen und die Nutzung von sozialen Netzwerken, Verkehrsmittelwerbung sowie Infoscreens an Bahnstationen angewendet werden. Dazu können die gleichen bildlichen sowie schriftlichen Botschaften wie diejenigen verwenden, die für die Kanäle der Vereine und Freizeiteinrichtungen genutzt werden. Wichtig ist der inhaltlich und visuell auf alle angewandten Kanäle angepasste Auftritt, da die Interaktion zur Gen Z verstärkt wird, wenn die Jugendlichen einen wiederholenden Kontakt bemerken. Bei der Verwendung von Digital Out-Of-Home Maßnahmen an Haltestellen und Bahnhöfen werden die Vorteile großformatiger Werbeträger (Nutzerstruktur: Unentrinnbarkeit, meist längere Verweildauer vor dem Werbeträger) und die der Digitalisierung (steigende Mobilität) vereint. Durch die längere Verweildauer können die exklusiven Inhalte der Infoscreens[168] den Verbraucher dazu animieren, sich intensiv mit dem Unternehmen und der Botschaft zu beschäftigen. Werden die Rezipienten gleichzeitig mit der Nutzung von Bluetooth zu einer Handlung am Infoscreen aufgefordert, kann die Wirkung aufgrund der neuen Kontaktqualität durch das Involvement gesteigert werden. Die Handlung sollte einen Zusammenhang mit dem Beruf haben, sodass der potenzielle Bewerber anfängt, sich mit diesem aktiv zu beschäftigen. Dadurch bekommt er einen ersten Einblick und hält einen Dialog mit dem Unternehmen. Dies optimiert den Erinnerungswert, der -trotz der hohen Kosten von Digital Out-Of-Home Maßnahmen- ein ausgewogenes Verhältnis zwischen Nutzen und Kosten erwarten lässt.

---

[168] Die Kosten von 10'' Spots in Malls mit einer Fläche von ca. 1.500 Flächen für 7 Tage liegen bei 105.000€ exkl. MwSt. (hierbei handelt es sich lediglich um Schätzungen).

Konnte das Interesse der Gen Z für das eigene Unternehmen erzielt werden, gehen die Heranwachsenden in die zweite Phase über. Diese kennzeichnet sich durch eine informative und aufklärende Botschaft und Sprache, die an die Generation im Umbruch sowie ihre Influenzer adressiert ist. Dazu eignen sich erneut soziale Netzwerke, Tageszeitungen, Portale und Foren[169], Veranstaltungen sowie Search Engine Optimierungen.

83% der Generation ist offen für die Ansprache von Unternehmen zu Karrierethemen über Social Media. Dies wird ebenfalls in den eigens durchgeführten Interviews bestätigt. Die Maßnahmen sollte jedoch nicht durch die Platzierung von Werbung erlangt werden, sondern durch Berichte oder Videos vom Unternehmensalltag mit Profilen und Geschichten der Mitarbeiter. Sind diese informativ und geben einen realen Einblick in den potenziellen Arbeitsalltag, entsprechen sie der Erwartungshaltung der Jugendlichen zu einer Interaktion mit möglichen Arbeitgebern. Gleichzeitig findet ein Kontakt auf Augenhöhe statt, da Personen aus gleicher oder naher Generation über ihre Erfahrungen berichten. Soziale Netzwerke bietet zudem exakte Targetingmöglichkeiten, sodass Streuverluste vermieden werden können. [170]

Die seit 2003 existierende Plattform „Xing" platziert sich als führendes europäisches Business-Netzwerk, wodurch sich Unternehmen und private Nutzer mit ihren Informationen und Mitarbeitern beziehungsweise Qualifikationen, Erfahrungen, Skills und dem Werdegang vorstellen können. Verweise auf Firmenprofile, das Schalten von Werbung sowie das Einstellen von Stellenanzeigen wird gegen eine Gebühr angeboten. Außerdem gibt es zahlreiche Diskussionsgruppen zu diversen Themen, die von zahlreichen Benutzern frequentiert werden. Da sich die Heranwachsenden meist erst als Student oder in einem bestehenden Arbeitsverhältnis in Xing anmelden, sollte dieser Kanal gewählt werden, sofern Studenten oder Angestellte der Zielgruppe entsprechen.

YouTube bietet die Möglichkeit zur Kontaktherstellung mit allen Personen der Generation im Umbruch. Auch die musical.ly Gemeinschaft bietet die passende Zielgruppe sowie Werkzeuge. Dazu ist es sinnvoll, ein Video zu zeigen, in dem ei-

---

[169] Die Kosten beziehen sich auf die ausgelieferten Ad Impressions (im Falle von Bannerschaltungen), sodass ein Tausender-Kontakt-Preis festgelegt wird. Mit einem Budget von 25.000€ exkl. MwSt. für ein Jahr Laufzeit können ca. 500.000 Impressions erwartet werden (hierbei handelt es sich lediglich um Schätzungen).

[170] Vgl. Stommel [2015a], S. 66-67; Stommel [2015c], S. S. 64-66; Universum [2015], o. S.

ne authentische Person der Gen Z ihren Arbeitsalltag sowie den Werdegang erzählt und durch visuelle Einblicke darstellt. Die Heranwachsenden fühlen sich dadurch verstanden und werden informiert. Die Sprache des Protagonisten sollte der Generation entsprechend sein, sodass der potenzielle Bewerber einen Meinungsbildner in diesem sieht. Sofern sie darstellen, warum sie sich für das Unternehmen und die Beschäftigung entschieden haben, kann der Meinungsbildner als Vorbildfunktion dienen. Zudem begeistert Bewegtbild und kann die Gen Z emotional beeinflussen. Durch den „Lean-Back"[171]-Charakter erzielen Videos eine starke Aufmerksamkeit, wodurch ein hohes Involvement möglich ist. Zu beachten ist jedoch die Aussteuerung der Werbemaßnahmen, die erst ab 18 Jahren möglich ist. Das bedeutet, dass keine jüngeren Personen gezielt mit den Maßnahmen konfrontiert werden können, da kein Target Advertising stattfindet. Durch die Erstellung eines interessanten und aufmerksamkeitsstarken Videos, kann es jedoch viral werden, sodass sich die Zielgruppe dieses aus eigener Handlung anschaut. Zusätzlich werden kaum Kosten für die Distribution anfallen.

Die eigenständige aus der Alltagswirklichkeit inszenierte Markenwelt durch das Veranstalten von öffentlichen Firmenkontaktevents, Schnupperangeboten oder das Durchführen von Schülerpraktika macht den Betrieb durch den Live-Charakter multisensual (visuell, akustisch, olfaktorisch, gustatorisch) ansprechbar, wodurch eine Beziehung zwischen der Gen Z und dem Unternehmen geschaffen wird.[172] Durch diese Maßnahme wird ein eindrucksvoller Einblick mit einer intensiven Aktivierung für die Botschaftsaufnahme geboten, wodurch ein zielführendes Verhalten der Heranwachsenden gefördert wird. Sie bekommen einen ersten realen Einblick in den angestrebten Beruf, während das Unternehmen, das dieses Event anbietet, mit diesem assoziiert wird. Sofern sich ein Jugendlicher weiterhin für diese Tätigkeit interessiert, wird dieser stets den Betrieb, in dem er den Beruf erstmalig testen konnte, verknüpfen. Dies schafft eine emotionale Gedächtnisverankerung und führt zu einer nachhaltigen positiven Beeinflussung der Einstellung. Trotz der organisatorischen Selbstständigkeit muss ein solches Eventmarketing inhaltlich, formal und zeitlich an den Marktbearbeitungsmix angepasst werden. Da ein hohes Niveau an Content-Marketing für die Zielgruppe relevant ist, sollte sich dies auch auf Veranstaltungen übertragen, sodass nicht nur

---

[171] Keine aktive Handlung nötig, sodass sich der Rezipient zurücklehnen kann.
[172] Vgl. Mangelsdorf [2015], S. 32.

die Botschaften und Kernkompetenzen wahrgenommen werden, sondern die Markenwelt „in tatsächlich erlebbare Ereignisse umgesetzt"[173] wird. Zusammen mit sozialen Netzwerken kann diese Aktion zusätzlich viral werden. Demnach ist es zu empfehlen, dass die potenziellen Bewerber auf einer Kontaktveranstaltung etwas Reales und Praktisches durchführen können. Daraufhin können die Ergebnisse in sozialen Netzwerken gestellt werden, sodass die Teilnehmer die Möglichkeit haben, diese mit ihren Freunden zu teilen. Auf diesem Wege werden weitere Personen der Zielgruppe angesprochen. Die Veranstaltung von Events kann, insbesondere in Anbetracht der Reichweite, sehr kostenintensiv sein, sodass sich diese Maßnahme nur für große Unternehmen empfiehlt. Aufgrund der starken Wirkung und den damit erreichenden Nutzen, kann das Kosten-Nutzenverhältnis jedoch hoch sein.

Durch Karriereseiten für Studenten und Auszubildende können zudem weitere Informationen über ein Berufsfeld und potenzielle Stellen gegeben werden. Hierbei sollten die Aufklärungen in der zweiten Phase allgemein gehalten, jedoch stets mit dem Unternehmen verbunden werden. Auch die grafische Darstellung des Betriebslogos sowie der daran angepassten Texte kann entscheidend für die kognitive Verknüpfung sein.

Um nicht nur die potenziellen Bewerber und deren Peergroup, sondern auch die Eltern zu erreichen, können Botschaften in Zeitungen geschaltet werden (z.B. Rubrikanzeigen). Regionale Zeitungen gelten als reichweitenstark für die Generation Baby Boomer. Sie sind zeitungsaffin, sodass sich die Kosten rechtfertigen. Neben der Darstellung des Unternehmens und den damit verbundenen Berufsmöglichkeiten, sollten insbesondere Informationen über die Sicherheit, die Perspektiven, das Image des Betriebes und die Vergütung jeweiliger Beschäftigungen dargelegt werden.

Auch die Search Engine Optimierungen für spezielle Karriereseiten sollten durchgeführt werden, um das erste Suchinteresse zu kanalisieren. Wurde ein Jugendlicher durch die erste Phase auf einen Betrieb und einen Beruf aufmerksam, möchte er sich in der zweiten Phase informieren. Ein typischer Handlungsweg ist dafür die Benutzung von Google. Sofern das Unternehmen weit oben aufgeführt wird, ist die Wahrscheinlichkeit groß, dass der Heranwachsende darüber weitere In-

---

[173] Schwäch [2014/2015a], S. 83.

formationen sammelt. Findet er den Betrieb jedoch nicht auf der ersten Seite, wird er andere Unternehmen zur Aufklärung heranziehen, sodass er auf der Customer Journey verloren gehen könnte. Daher ist die Rangfolge einer Suchmaschine entscheidend, was den Aufwand der Kosten wettmacht. SEO beinhaltet die Erweiterung von Schlüsselwörtern, sodass die Webseite bei einer höheren Anzahl von Suchwörtern aufgelistet wird. Um die Relevanz der Inhalte besser zu bewerten, sollte ein strukturierter, sauberer und semantischer HTML Code eingefügt werden. Zudem erhält die Webseite einen höheren Rankingfaktor, wenn der Seitentitel und die Beschreibung aufmerksamkeitsstark sowie aussagekräftig sind. Suchmaschinenfreundliche URLs, die optimierte interne Linkstruktur und die Offpage Optimierung runden die SEO Maßnahmen ab.

Die dritte Phase beinhaltet die Darstellung konkreter offener Vakanzen. Idealerweise hat schon ein Kontakt zwischen dem potenziellen Bewerber und dem Unternehmen stattgefunden, sodass eine Vertrauensbasis vorhanden ist. Nun sollen spezifische Informationen durch eine gezielte und vertraute Ansprache übertragen werden. Hierzu sollten die SEO Maßnahmen weiter ausgebaut werden. Ebenfalls können konkrete Stellenanzeigen in Zeitungen, auf der Karriereseite der sozialen Netzwerke sowie in Portalen und Foren geschaltet werden.

Whatsapp bietet eine weitere Möglichkeit der Informationsweitergabe und Stellenausschreibung. Die App dient insbesondere als Kommunikationsmittel, worüber sich zwei oder mehrere Personen (Gruppen) via Smartphone austauschen. Sie verfasst über 700 Millionen aktive Nutzer, über die 30 Milliarden Nachrichten täglich verschickt werden. Unternehmen können Whatsapp ebenfalls als Werbekanal nutzen. Dies ist allerdings nur erlaubt, wenn der Inhaber der Telefonnummer eingewilligt hat, dass ihm Werbenachrichten zugesandt werden. Es muss demnach also bereits ein Kontakt stattgefunden haben. In der Folge kann aber ein Unternehmen diesem über einen kostengünstigen Broadcast[174] Neuigkeiten und Informationen zuschicken. Dies ist aufgrund der Antwortmöglichkeit -wodurch eine zweiseitige, unmittelbare, unkomplizierte und direkte Interaktion stattfinden kann- sehr vorteilhaft. Zwar favorisiert momentan lediglich 32% der Gen Z Text-

---

[174] Ein Tool, durch den einzelne Mitglieder keine weiteren sehen können. Die Unternehmen müssen dennoch die Nachrichten nicht einzeln an jeden User verschicken. Voraussetzung ist jedoch, dass der Empfänger die Telefonnummer des werbenden Unternehmens in seinem Smartphone abgespeichert hat.

werbung auf Smartphones, jedoch steigt die Präferenz des „nebenbei"[175] Konsumierens von Inhalten. Mobile Recruiting rückt dadurch stetig in den Vordergrund.[176]

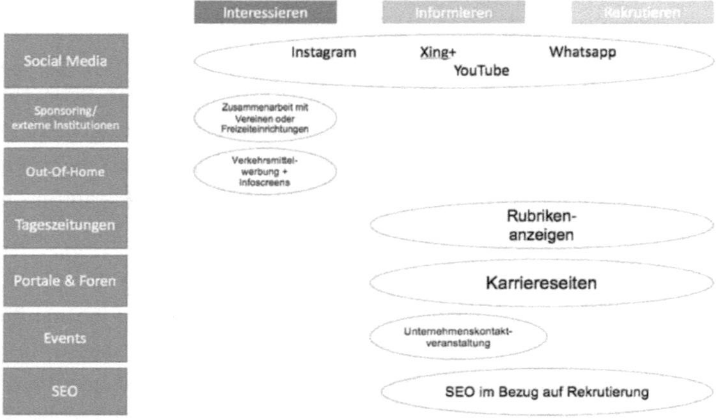

Abbildung 6: Grobstreuplan der Rekrutierungsstrategie
(Quelle: Eigene Darstellung)

---

[175] Mangelsdorf [2015], S. 20.
[176] Vgl. Mangelsdorf [2015], S. 31.

6 Fazit

Zusammenfassend ist festzustellen, dass sich die Gen Z insbesondere in den Punkten Pragmatismus, Kommunikation, immaterielle Fokussierung, Sicherheit, Optimismus und Bindungslosigkeit von den vorherigen Generationen abhebt. Dies hat weitreichende Auswirkungen auf das Konsumverhalten, wie auch auf die zukünftige Arbeitsauswahl. Unternehmen müssen sich für beide Bereiche an die neuen Maßstäbe der nach 1995 geborenen Mitmenschen anpassen. Hierbei sind die neuen medialen Wege der Gen Z zu berücksichtigen, als auch ihr Weltbild in Verbindung mit ihrer intrinsischen Motivation im Bezug auf das Arbeitsleben. Sofern sich Betriebe nicht frühzeitig auf diesen Paradigmenwechsel einlassen, ist zu befürchten, dass einerseits Umsatzverluste eintreten, auf der anderen Seite im Konkurrenzkampf um qualifizierte und motivierte Mitarbeiter andere Unternehmen im Vorteil sind.

Die Handlungsempfehlungen der Kommunikationsstrategie konzentrieren sich insbesondere auf das Ziel der bewussten Wahrnehmung (der Gen Z) von Maßnahmen. Diese wird jedoch durch die Abneigung gegenüber Werbung mit gleichzeitiger geringer Aufmerksamkeitsspanne der Zielgruppe gehindert. Um dies zu umgehen, stehen faktenberuhte, informative aber komplexreduzierte Inhalte im Vordergrund, die persönlich sowie ortsgebunden angepasst werden müssen. Ebenso erweist sich Empfehlungsmarketing -z.B. durch einflussreiche Meinungsbildner- als erfolgsversprechende Maßnahme. Neben der Verwendung von Online-Kanälen in sozialen Netzwerken sowie der Optimierung der eigenen Webseite, müssen Offline-Kanäle verknüpft werden. Diese berücksichtigen das Freizeitverhalten der Heranwachsenden, indem Out-Of-Home Maßnahmen und weitere innerhalb Kinos geschaltet werden. An jedem dieser Interaktionspunkte sollten dem potenzielle Kunden herausragende Erfahrungen geboten werden, indem die Vorteile und der Nutzen aufgezeigt, Informationen und Einblicke gegeben sowie positive Emotionen und Assoziationen verknüpft werden.

Die Rekrutierungsstrategie fokussiert sich auf die Einbindung der Influenzer (die Peergroup sowie die Eltern) und den Aufbau langfristiger und persönlicher Beziehungen zwischen Unternehmen und potenziellen Mitarbeitern. Dazu sollten die Qualität der Beschäftigung, der Spaß daran sowie die Sicherheit innerhalb einer ehrlichen und begeisternden Botschaft übermittelt werden. Um die Interessensbildung der Gen Z aufzubauen, müssen präferierte Kanäle (soziale Medien, Institutionen und Verkehrsmittelwerbung) genutzt und durch Kanäle zur Informationszufuhr (durch Tageszeitungen, Portale und Foren, Veranstaltungen und

SEO-Maßnahmen) erweitert werden. Aufgrund dessen kann das Unternehmen eine vertrauenswürdige Ansprache zum Aufruf des Bewerbungsaktes nutzen und stellt sich gleichzeitig als attraktiver Arbeitgeber dar.

Literaturverzeichnis

Adecco Group [2014] #SocialRecruiting. A Global Study. Job Search, Digitan Reputation, and HR Practices in the social media age, verfügbar unter: http://www.adecco.com/en-US/Industry-Insights/Documents/social-recruiting/adecco-global-social-recruiting-survey-global-report.pdf (19.12.2015).

Albert, M./Hurrelmann, K./Quenzel, G./TNS Infratest Sozialforschung [2015] Jugend 2015: 17. Shell Jugendstudie, Deutschland 2015. Eine pragmatische Generation im Aufbruch, Frankfurt am Main 2015.

B4p [2015] Best for planning. 2015. Online-Auswertung, verfügbar unter: https://online.mds6.de/mdso6/b4p.php (15.11.2015).

Becker, R. [1997] Generationen und sozialer Wandel, Opladen 1997.

Behrer, M./Van den Bergh, J. [2013] How Cool Brands Stay Hot. Branding To Generation Y, 2. Auflage, London 2013.

Bitkom [2015] Studie zu Kindern und Jugendlichen in der digitalen Welt, verfügbar unter: https://www.bitkom.org/Presse/Presseinformation/Studie-zu-Kindern-und-Jugendlichen-in-der-digitalen-Welt.html (06.12.2015).

Breithut, J. [2015] Meerkat versus Periscope: Das können die neuen Livestreaming-Apps, verfügbar unter: http://www.spiegel.de/netzwelt/apps/meerkat-versus-periscope-livestreaming-apps-im-vergleich-a-1025738.html (06.01.2016).

Bundesministerium für Arbeit und Soziales [2014] Arbeitsmarkt 2030. Die Bedeutung der Zuwanderung für Beschäftigung und Wachstum. Prognose 2104. Analyse der zukünftigen Arbeitsfachkräftenachfrage und des – angebots in Deutschland auf Basis eines Rechenmodells, verfügbar unter: http://www.bmas.de/SharedDocs/Downloads/DE/PDF-Pressemitteilungen/2015/arbeitsmarktprognose-2030-zusammenfassung.pdf;jsessionid=74AECC072905288DE03A1DEC378B9940?__blob=publicationFile&v=2 (13.11.2015).

Combi, C. [2015] Generation Z: Their Voices, Their Lives, London 2015.

Deep Focus' Cassandra Report [2015] Millennials are the largest generation to ever exist. Gen Z ist ushering in a new era with with new values. How well do you know them?, verfügbar unter: https://cassandra.co (27.12.2015).

Deutsche Gesellschaft für Personalführung e.V. [2011] Zwischen Anspruch und Wirklichkeit: Generation Y finden, fördern und binden, verfügbar unter: https://www.dgfp.de/wissen/personalwissen-direkt/dokument/87801/herunterladen (13.12.2015).

DIHK-Unternehmensbefragung [2013] Fachkräfte – auch bei schwächerer Wirtschaftsage gesucht. DIHK-Arbeitsmarktreport, verfügbar unter: http://www.dihk.de/presse/meldungen/2013-01-10-arbeitsmarktreport (01.01.2016).

Duden Online [2016] Wörterbuch, Bibliographisches Institut Mannheim, verfügbar unter: http://www.duden.de/ (03.01.2016).

Hagen, L. [2015] Generation Z: Zwischen Weltretten und YOLO, verfügbar unter: http://derstandard.at/2000011849915/Zwischen-Welt-retten-und-YOLO (29.11.2015).

Haller, M. [2015] Was wollt ihr eigentlich?: Die schöne neue Welt der Generation Y, Hamburg 2015.

Institut für Demoskopie Allensbach [2014] Schule, und dann? Herausforderungen bei der Berufsorientierung von Schülern in Deutschland, verfügbar unter: https://www.google.de/url?sa=t&rct=j&q=&esrc=s&source=web&cd=1&ved=0ahUKEwi0otvLmJHKAhXDkA8KHcPcB5EQFgggMAA&url=https%3A%2F%2Fwww.vodafone-stiftung.de%2Fuploads%2Ftx_newsjson%2FVSD-ALLENSBACH-2014-WEB.pdf&usg=AFQjCNGa72O4eRzehSpj_s_OzdHNvNUF4A (19.11.2015).

Klaffke, M. [2014] Generationen Management: Konzepte, Instrumente, Good-Practice-Ansätze, Berlin 2014.

Kovarik, M. [2013] Der Ruf der Generation Y nach „Easy Economy": Wie eine neue Arbeit- nehmergeneration den österreichischen Arbeitsmarkt auf den Kopf stellen wird, Ham- burg, 2013.

Kühl, E. [2015] Soziales Netzwerk: Google+ schließt langsam den Sargdeckel, verfügbar unter: http://www.zeit.de/digital/internet/2015-07/google-plus-youtube-pflicht-ende (05.01.2016).

Künzel, H. [2013] Erfolgsfaktor Employer Branding: Mitarbeiter binden und die Gen Y gewinnen, Wiesbaden 2013.

Kuhlmann, C. [2008] Auslaufmodell Fernsehen?: Perspektiven des TV in der digitalen Medienwelt, Wiesbaden 2008.

Magerl, R./Reuter, M. P./Wittmann, R. G. [2007] Unternehmensstrategie und Businessplan, 2. Aufl., Heidelberg 2007.

Mangelsdorf, M. [2015] Von Babyboomer bis Generation Z. Der richtige Umgang mit unterschiedlichen Generationen im Unternehmen, Offenbach 2015.

Medienpädagogischer Forschungsverband Südwest [2014] JIM 2014. Jugend, Information, (Multi-) Media Basisstudie zum Medienumgang 12- bis 19-Jähriger in Deutschland, verfügbar unter: http://www.mpfs.de/fileadmin/JIM-pdf14/JIM-Studie_2014.pdf (03.01.2016).

Nielsen [2015] Vertrauen in Werbung weltweit. Gewinner-Strategien für eine Medienlandschaft im Wandel, verfügbar unter: http://www.nielsen.com/content/dam/nielsenglobal/de/docs/Nielsen_Global_Trust_in_Advertising_Report_DIGITAL_FINAL_DE.pdf (20.12.2015).

Palfrey, J./Gasser, U. [2008] Die Digital Natives: Was sie leben, Was sie denken, Wie sie arbeiten, New York 2008.

Permant, A. [2009] Die Generation Y – Mitarbeiter der Zukunft: Herausforderung und Erfolgsfaktor für das Personalmanagement, Wiesbaden 2009.

Perwiss [o. J.] Die junge Generation durch Ausbildungsmarketing gezielt ansprechen, verfügbar unter: http://www.perwiss.de/ausbildungsmarketing.html (31.12.2015).

Pro-medial [2015] AD-Blindness der Generation Z, verfügbar unter: http://www.pro-medial.com/2014/11/ad-blindness-der-generation-z/ (16.11.2015).

Ricoh [2015] Gut ausgebildet, kommunikativ, verunsichert: die Generation Z, verfügbar unter: http://www.ricoh.de/ueber-ricoh/news/2015/generation-z-is-the-most-challenging.aspx (12.12.2015).

Ruthus, J. [2013] Employer of Choice der Generation Y. Herausforderungen und Erfolgsfaktoren zur Steigerung der Arbeitgeberattraktivität, Wiesbaden, 2013.

Scholz, C. [2015a] Die Generation Z ist beneidenswert glücklich, verfügbar unter: http://www.magazin-forum.de/news/wirtschaft/„die-generation-z-ist-beneidenswert-glücklich" (18.11.2015).

Scholz, C. [2015b] Generation Z verweigert Konsum: Das Aus für Markenartikel?, verfügbar unter: http://www.huffingtonpost.de/christian-scholz/generation-z-als-konsumen_b_8000134.html (28.12.2015).

Scholz, C. [2014] Generation Z: Wie sie tickt, was sie verändert und warum sie uns alle ansteckt, Weinheim 2014.

Scholz, C. [2003] Spieler ohne Stammplatzgarantie: Darwiportunismus in der neuen Arbeitswelt, Weinheim 2003.

Schüller, A. M. [2012] Touchpoints auf Tuchfühlung mit dem Kunden von heute. Managementstrategien für unsere neue Businesswelt, Offenbach 2012.

Schuster, M. [2015] Der Kampf um die besten Nachwuchskräfte: Neue Recruiting-Strategien von Medienhäusern, verfügbar unter: https://kress.de/news/detail/beitrag/133591-der-kampf-um-die-besten-nachwuchskraefte-neue-recruiting-strategien-von-medienhaeusern.html (01.01.2016).

Schwäch, U. [2014/2015a] Wahlmodul: Communication Management. Teilmodul: Agentur Management - Repetitorium zur Klausureingrenzung Teil II: Agentur Management, verfügbar unter: www.ilias.hs-fresenius.de (04.01.2016).

Schwäch, U. [2014/2015b] Wahlmodul: Communication Management. Teilmodul: Communication Management - Repetitorium zur Klausureingrenzung Teil I: Communication Management, verfügbar unter: www.ilias.hs-fresenius.de (04.01.2016).

Sellin, H. [2014] Generation Z – Marketing's Nex Big Audience, verfügbar unter: http://onlinemarketing.de/news/generation-z-marketings-next-big-audience (28.11.2015).

Shehan, P. [2010] Generation Y. Thriving And Surviving With Generation Y at Work, 5. Aufl., Victoria, Austrailia 2010.

Statista [2014] Altersstruktur der Bevölkerung in Deutschland zum 31. Dezember 2014, verfügbar unter: http://de.statista.com/statistik/daten/studie/1351/umfrage/altersstruktur-der-bevoelkerung-deutschlands/ (04.11.2015).

Stommel, L. [2015a] Interview mit D. des Interviewpartners vom 18.11.2015, siehe Anhang 4.

Stommel, L. [2015b] Interview mit A. des Interviewpartners vom 16.11.2015, siehe Anhang 1.

Stommel, L. [2015c] Interview mit C. des Interviewpartners vom 19.11.2015, siehe Anhang 3.

Stommel, L. [2015d] Interview mit B. des Interviewpartners vom 16.11.2015, siehe Anhang 2.

Tobesocial [2015] Social Media Recruiting: Personalmarketing mit Social Media für Generation Y und Z, verfügbar unter: http://tobesocial.de/blog/social-media-recruiting-personalmarketing-millennials-generation-z-infografik (05.01.2016).

U-form Testsysteme [2015] Azubi-Recruiting Trends 2015, Solingen 2015.

Universum [2015] Generation Z. The next Generation of talent, Stockholm 2015.

Wirtschaftspsychologie aktuell [2015] Klare Strukturen statt Flexibilität: So tickt die Generation Z tatsächlich. Wesentliche Aussagen in der Ausgabe 2/15, verfügbar unter: http://www.wirtschaftspsychologie-aktuell.de/files/Wirtschaftspsychologie_aktuell_2_2015_Scholz.pdf (31.12.2015).

Wyss, W. [o. J.] „Generation Z" – die Zukunfts-Generation. DemoSCOPE entdeckt neuen Typus von Schweizern, verfügbar unter: http://www.gem-online.de/pdf/gem_publikation/GenerationZ.pdf (29.12.2015).

Yahoo! Deutschland Services GmbH [2015] GenZ: Wie das Smartphone die Zielgruppe von morgen bestimmt, verfügbar unter: http://yahoo.enpress.de/Pressemeldungen/GenZ-Wie-das-Smartphone-die-Zielgruppe-von-morgen-bestimmt/3851?i=1&j=0&s= (04.01.2016).

Anhang

Anhang 1: Interview mit A.

(16.11.2015)

(die Antworten entsprechen aufgrund des Alters nicht immer dem genauen Wortlaut)

Was ist dein Geschlecht?

Männlich

Wie alt bist du?

10 Jahre

Begegnest du der Zukunft positiv oder hast du Angst vor dieser?

Positiv.

Wie gehst du vor, wenn du dir etwas kaufen möchtest?

Ich gehe vorher in verschiedene Läden und schaue mir an, was sie überall kostet. Es sei denn, ich kaufe etwas, das nicht so viel kostet. Dann vergleiche ich nicht. Bei großen Ausgaben, wie zum Beispiel meiner Xbox und Fifa, frage ich auch vorher meine Freunde, was sie davon halten oder spiele Mal bei ihnen, um zu sehen, ob ich das gut finde. Außerdem habe ich sie gefragt, was die Xbox alles kann.

Sind dir auffällige Verpackungen wichtig bzw. bringen sie dich dazu, das Produkt anderen vorzuziehen?

Wenn beide Produkte das gleiche kosten, würde ich das mit der schöneren Verpackung nehmen. Wenn das eine Produkt dadurch jedoch mehr kostet, dann nicht. Wichtig ist mehr eher, was darin ist.

Wie sieht dein typischer Tagesablauf aus?

Ich fahre morgens mit dem Bus zur Schule, der hält direkt davor. Nach der Schule fahre ich mit dem Bus zurück, esse und mache Hausaufgaben. Danach verabrede ich mich mit Freunden, gehe zu ihnen nach Hause oder spiele draußen mit ihnen. Zuhause spiele ich manchmal Xbox, wie zum Beispiel die Spiele Fifa und Landwirtschaftssimulator, oder Gesellschaftsspiele („Activity", „Mensch ärger dich nicht", „Uno" oder Puzzle). Fernsehen gucke ich nicht so gerne, vielleicht 15 Minuten am Tag. Manchmal schaue ich ein paar Filme oder gehe in YouTube und schaue mir Videos an. Zwei Mal die Woche spiele ich auch Fußball im Verein.

Du verbringst also viel Zeit mit deinen Freunden. Sind sie dir sehr wichtig?

Ja total. Mit ihnen habe ich ja Spaß und verbringe die meiste Zeit meiner Freizeit durch Verabredungen mit meinen Freunden. Außerdem helfen sie mir bei Entscheidungen.

Anhang 2: Interview B.

(16.11.2015)

(die Antworten entsprechen aufgrund des Alters nicht immer dem genauen Wortlaut)

Was ist dein Geschlecht?

Männlich

Wie alt bist du?

8 Jahre

Begegnest du der Zukunft positiv oder hast du Angst vor dieser?

Ich freue mich darauf.

Sind die deine Freunde wichtig?

Ja, ohne meine Freunde hätte ich nicht so viel Spaß. Ich habe die besten Freunde.

Wie gehst du vor, wenn du dir etwas kaufen möchtest?

Ich kaufe mir was ich möchte.

Also fragst du nicht deine Freunde um Rat und vergleichst keine Preise?

Nein.

Sind dir auffällige Verpackungen wichtig bzw. bringen sie dich dazu, das Produkt anderen vorzuziehen?

Nein, das ist rausgeschmissenes Geld.

Wie sieht dein typischer Tagesablauf aus?

Ich fahre mit dem Bus zur Schule und wieder zurück. Ab und zu werde ich auch mit dem Auto gefahren. Meine Freunde wohnen in der Nähe von der Schule und kommen zu Fuß dahin. Nach den Hausaufgaben verabrede ich mich mit Freunden bei ihnen drinnen oder auf dem Spielplatz oder ich gehe mit dem Hund raus. Oft spiele ich mit meinen Freunden Minecraft und gucke dazu YouTube Videos an, da sie dort Tipps zum Bauen geben. Ab und zu schaue ich mir auch andere Videos darauf an. Ich gehe auch gerne ins Kino, insbesondere im Winter. Fernsehen schaue ich manchmal, unter der Woche fast gar nicht. Musik höre ich öfter über den CD-Player. Jeden Donnerstag gehe ich auch Schwimmen im Verein.

Anhang 3: Interview mit C.

(19.11.2015)

Was ist dein Geschlecht?

Weiblich

Wie alt bist du?

16

Erwartest du einen besseren Lebensstandard an den aktuellen deiner Eltern?

Nein

Wie positiv bist du gegenüber deiner Zukunft eingestellt?

Sehr positiv.

Also sind der Lebensstandard bzw. dein Einkommen für dich nicht entscheidend bezüglich deiner Zukunft?

Nein, wichtiger ist mir, dass ich zum Beispiel Spaß beim Arbeiten habe. Und ich erwarte auch, dass mein Arbeitgeber zuverlässig, freundlich und respektvoll ist.

Okay, und wie informierst du dich, um einen Einblick darüber zu bekommen, was es für Berufe gibt oder welche Stellen momentan offen sind?

Über das Internet oder durch die Schule.

Wo genau suchst du im Internet?

In Google.

Wie fändest du Werbung in sozialen Medien?

Kommt drauf an. Wenn es interessante Berichte oder Videos sind, würde ich sie mir vielleicht angucken. Falls das eben ein Beruf ist, den ich mir vorstellen könnte auszuüben.

Was ist dir wichtig bezüglich deiner Freizeit?

Für mich sind meine Eltern und meine Freunde sehr wichtig, da sie mir Geborgenheit und Vertrauen geben. Außerdem kann ich mich jederzeit auf sie verlassen. Das macht meine Beziehungen zu ihnen aus.

Achtest du auf Nachhaltigkeit?

Ja, bei Lebensmitteln schon. Bei Kleidung zum Beispiel eher weniger, denn da richte ich mich eher daran was ich momentan brauche.

Also beachtest du auch keinen großen Unterschied zwischen Marken?

Nein, Marken interessieren mich nicht.

Dann richtest du dich eher nach dem Preis?

Auch nicht wirklich. Es sei denn ich bin im Supermarkt, dann beachte ich die Preise ab und zu. Aber dennoch würde ich zum Beispiel Bio-Produkte bevorzugen. Richtig beeinflussen tut der Preis mich also nicht.

Liest du dir denn zur Entscheidungsfindung Rezensionen durch oder schaust dir Kundenerfahrungen an?

Nein, so viel Aufwand mache ich mir nicht. Eventuell würde ich bei großen Investitionen mit meinen Eltern darüber reden oder im Internet nach Informationen über das Produkt schauen. Aber im Grunde kaufe ich mir einfach das, was ich brauche.

Und wo machst du das? Abgesehen von Lebensmitteln im Supermarkt, wo zum Beispiel kaufst du dir Kleidung oder andere Gegenstände?

Entweder im Laden, aber häufig auch online oder über mein Handy.

Über Onlinekäufe z.B. verfällt ja oft der Kundenservice. Ist dir das egal?

Ja, ich bin sowieso eher genervt von Mitarbeitern, die mir etwas andrehen möchten.

Was ist mit besonderen Marketingmaßnahmen im Laden? Wie zum Beispiel eine besondere Verpackung?

Die sind mir eigentlich egal.

Wie sieht dein typischer Tagesablauf aus?

Ich fahre mit der Bahn zur Schule und dann wieder zurück. Danach mache ich Hausaufgaben und verabrede mich dann mit Freunden. Wir fahren öfters shoppen, in die Stadt was Essen oder quatschen zuhause. Mehrmals in der Woche habe ich auch Cheerleading. Dort fahre ich ebenfalls mit der Bahn hin.

Verbringst du deine Zeit auch mit sozialen Medien?

Ja! Hauptsächlich mit Whatsapp. Ich habe zwar auch Snapchat und Instagram, aber da bin ich nicht so oft online.

Anhang 4: Interview mit D.

(18.11.2015)

Was ist dein Geschlecht?

Weiblich

Wie alt bist du?

19

Erwartest du einen besseren Lebensstandard an den aktuellen deiner Eltern?

Ich erwarte einen ähnlichen.

Wie positiv bist du gegenüber deiner Zukunft eingestellt?

Positiv.

Was ist dir wichtiger? Der Spaß bei der Arbeit oder das Einkommen?

Generell ist mir der Spaß sehr wichtig. Sollte ich aber einen Job finden, bei dem ich sehr viel verdiene, würde ich diesen bevorzugen. Eigentlich habe ich momentan aber vor, mich selbstständig zu machen.

Wie informierst du dich, um einen Einblick darüber zu bekommen, was es für Berufe gibt oder welche Stellen momentan offen sind?

Ich habe schon konkret eine Vorstellung, was ich studieren möchte. Die Idee kam mir über Filme und Serien, denn dort kann man immer gut sehen, wie das Arbeitsleben abläuft. Konkrete Stellen würde ich über das Internet suchen, indem ich es in Google eingebe z.B., sodass ich auf Portale verlinkt werde.

Wie fändest du Werbung in sozialen Medien?

Fände ich gut!

Achtest du auf Markenunterschiede?

Nein.

Liest du dir denn zur Entscheidungsfindung Rezensionen durch oder schaust dir Kundenerfahrungen an?

Wenn ich online bestelle ja, denn dann stehen die ja meistens dabei. Ansonsten würde ich aber nicht danach schauen.

Kaufst du auch über dein Smartphone ein?

Ja!

Über Mobilkäufe z.B. verfällt ja oft der Kundenservice. Ist dir das egal?

Ja, im Grunde denke ich über Kundenservice nicht nach. Ich bin bequem und kaufe dementsprechend ein.

Wie sieht dein typischer Tagesablauf aus?

Ich fahre mit dem Auto oder dem Bus zur Schule. Danach habe ich Handballtraining, wo ich ebenfalls mit dem Auto hinfahre. Danach mache ich oft etwas für die Schule oder mit Freunden.

Verbringst du deine Zeit auch mit sozialen Medien?

Ja, klar. Auch wenn meine Freunde bei mir sind, quatschen wir oft über die Neuigkeiten, die wir über die Plattformen erfahren haben. Darum nutzen wir auch unser Smartphone während der Treffen. Ich habe Snapchat, Instagram, Whatsapp und Facebook.

Folgst du dort auch Social Media Stars?

Ja, ich lasse mich von ihnen über Kleidung und anderen Produkten im Sinne vom Stil inspirieren. Falls ich sie mir leisten kann, kaufe ich die Produkte auch.

Anhang 5: Weitere soziale Netzwerke im Überblick

Der Real-Time-Broadcasting-Dienst Twitter konzentriert sich im Gegensatz zu Facebook auf den Austausch kurzer Nachrichten („Tweets"), die maximal 140 Zeichen enthalten dürfen, Videos sowie Links und dient somit der Information sowie der Unterhaltung. Das Folgen eines Benutzers oder einer Organisation, um die Nachrichten chronologisch auf der Startseite von Twitter sehen zu können, bedarf (anders als bei Facebook) keiner Zustimmung, es sei denn die Nutzerseite wurde als private gekennzeichnet. Durch die Durchsuchbarkeit von „Tweets" haben Unternehmen die Möglichkeit herauszufinden, was über dieses „getwittert"[177] wurde, sodass sie darauf reagieren können. Dies führt zu einem Austausch der eigenen und fremden Ansichtsweisen, sodass Kunden- bzw. Stakeholder-Kontakt aufgebaut werden kann. Das Feedback der Nutzer kann dadurch in nützliches Wissen

---

[177] Der typische Ausdruck in Twitter für das Posten einer Neuigkeit/Nachricht.

umgewandelt werden. Seit geraumer Zeit bietet Twitter zudem den die Livestreaming-App „Periscope" an, wodurch das Smartphone Bild und Ton in Echtzeit an Internetuser überträgt. Diese Applikation wurde nach dem Prinzip des vorher erschienenen Livestreaming-Konzeptes „Meerkat" aufgebaut. Beide Applikationen bieten die Möglichkeit, diese Streams zu kommentieren. Über Meerkat kann zudem die Funktion eines Chats genutzt werden. Ähnlich wie bei Snapchat können die Aufzeichnungen von Periscope bis zu 24 Stunden später innerhalb der App aufgerufen werden. Die Übertragung von Meerkat erfolgt lediglich live und über Twitter.[178] Aktuell herrscht ein Aufsehen gegenüber Livestreaming-Applikationen. Inwieweit Periscope und Meerkat sich im Alltag der Gen Z durchsetzen kann, wird sich zukünftig zeigen.

„Tumblr" verbindet die Funktionen eines Blogs mit einem sozialen Netzwerk. Durch die kostenlose Registrierung bei dieser Plattform, erhält jeder Nutzer die Möglichkeit, einen oder mehrere designtechnisch individuelle Blogs anzulegen. Die Beiträge lassen sich in Form von Texten, Videos, Bildern, Chat-Protokollen, Zitaten, Audioaufzeichnungen oder Links verfassen. Wie in Social-Media-Kanälen üblich, können Nutzer anderen Blogs folgen oder Meldungen dieser weiterposten. Das sogenannte Dashboard bietet einen Überblick über aktuelle Beiträge der gefolgten Blogs sowie Informationen, wer eigene Einträge favorisiert oder ihnen folgt. Dennoch gilt Tumblr als stilles Netzwerk, da das visuelle Bloggen im Vordergrund steht und der Meinungsaustausch zweitrangig ist.

Bei „Pinterest" werden virtuelle und nach Themen sortierte Pinnwände veröffentlicht, die durch Bilder darauf gestaltet werden. Es bestehen nahezu unbegrenzte Möglichkeiten für die Organisation und Gestaltung dieser Pins, was jedem Nutzer eine enorme Freiheit lässt. Demnach ist Pinterest insbesondere für kreative Menschen, wie Künstler, Köche, Do-It-Yourself-Begeisterte[179], Innenarchitekten oder Fotografen relevant. Durch das Kommentieren, Re-Pinnen[180] und Verfolgen fremder Beiträge dient Pinterest als Interaktionsmedium.

---

[178] Vgl. Breithut, J. [2015], o. S.

[179] Personen, die überwiegend Produkte selbst entwerfen.

[180] Die Veröffentlichung von fremden Pinnwänden mit dem eigenen Profil.

Anhang 6: Übersicht der für die Gen Z relevantesten Social-Media-Kanäle

	Fokussierung	**Hauptfunktionen**	**Einfluss Gen Z**
Facebook	Sozialer Charakter (User Generated Content, Kommunikation)	Schriftliche, (bewegt)bildliche Veröffentlichungen, Bewertungen, Facebook Pages	Gen Z misstraut Facebook mehrheitlich und wendet sich ab
Google+	Sozialer Charakter (User Generated Content, Kommunikation)	Schriftliche, (bewegt)bildliche Veröffentlichungen, Verknüpfung verschiedener Produkte	Hohe Anzahl an Registrationen, aber wenig Aktivität
YouTube	Videos	Einstellen & Ansehen von Bewegtbild, Bewertungen, Channels	Tägliche Nutzung der gesamten Gen Z
Musical.ly	Musik-Video-Gemeinschaft	Synchronisierung & Erstellung von Ton und Bewegtbild	Aktuelles Aufsehen der Gen Z
Blog	User Generated Content, Kommunikation	Erstellung von tagebuch- oder journalähnlichen Beiträgen, Bewertungen	Werden von einer Vielzahl der Gen Z verwendet/verfolgt
Instagram	Microblogging + audiovisuell	Einstellung von Fotos & Bewegtbild, Bildbearbeitung, Bewertungen	Regelmäßige Nutzung der Gen Z
Snapchat	Microblogging + audiovisuell	Erstellung von Schnappschüssen & Kurzvideos, begrenzte Verfügbarkeit	Regelmäßige Nutzung der Gen Z
Skype	Livekommunikation	Sofortnachrichten, Sprach- & Videoaufnahmen	Wird von einer Vielzahl der Gen Z verwendet